人生も仕事も愉しくできる人に成長しよう

仕事で成長し
自分の夢もかなえる
〈自創式ランクUPノート〉

東川広伸

日本経営合理化協会出版局

まえがき

いま、海外で活躍できるグローバル人材の育成が叫ばれています。

それは、ビジネスのグローバル化が進み、アジアをはじめとする新興国との競争がますます激しくなっていることが背景にありますが、そもそもグローバル人材とはどういう人をいうのでしょうか。

日本政府が、我が国の成長を支えるグローバル人材の育成とそのような人材が活用される仕組みの構築を目的として設置した「グローバル人材育成推進会議」で示したグローバル人材とは、次の３つの要素を満たす人です。

①語学力・コミュニケーション能力
②主体性・積極性、チャレンジ精神、協調性・柔軟性、責任感・使命感
③異文化に対する理解と日本人としてのアイデンティティ

なるほど、どれも海外で活躍する人に欠かせない要素です。

しかし条件を並べるだけならだれでもできますが、実際にこの３つの要素を身につける

のは簡単な話ではありません。

それでも、①の「語学力・コミュニケーション能力」については、語学学校に通ったり、語学教材を買って、ＴＯＥＦＬで高得点をとるべく勉強すれば、ある程度まではだれでも修得することができるでしょう。

次に、③の「異文化に対する理解と日本人としてのアイデンティティ」も、外国文化に関する本を読んだり、旅行や留学などで海外生活を体験することで異文化を理解し、またその経験から翻（ひるがえ）って日本の歴史、伝統、誇りを再認識することは可能でしょう。

要するに、①と③の要素は、若い人が身につけるのにそれほど難しくはありません。

問題は、②の「主体性・積極性、チャレンジ精神、協調性・柔軟性、責任感・使命感」をどうやって身につけるかです。

これこそが、グローバル人材に限らず、仕事をする人全員に求められる一番重要な要素なのです。

いうまでもなく、②の要素がなければ、たとえ外国語が話せても、あるいは高度な専門資格をもっていても、絶対に仕事の場で活躍できないでしょう。

そういう意味では、この②の要素は、本当に仕事ができる人となるための絶対条件です。少々①と③が苦手でも、②の要素をもつ人であれば、日本であろうと海外であろうと、必ず仕事で頭角をあらわすはずです。

しかし、それほど重要な「主体性・積極性、チャレンジ精神、協調性・柔軟性、責任感・使命感」を修得する方法を、学校では教えることができません。なぜなら、それらは知識として学んでも役に立たず、実際に仕事をし、人生を営む中で、時間をかけて培っていくものだからです。

本書は、若い人を中心に、②の要素を身につける方法をわかりやすく提示します。日々仕事をする中でどうやって主体性・積極性、チャレンジ精神、協調性・柔軟性、責任感・使命感を身につけていくか、その難題に取り組んだのが、本書で提案する〈自創〉なのです。

「自ら考え行動する人（自創の人）」に育つことにより、自ら創る自分の将来に、たくさんの夢を持つことができるようになり、日々、ワクワクと仕事をし、イキイキと生活することができるようになります。

先に述べたとおり、知識として学んでも意味がないので、ぜひ本書の内容を仕事で実践していただきたい。できれば、企業経営者の方にお読みいただき、会社全体で取り組んでいただくと、若い社員ほど大きく成長するのですが、本書は個人としても〈自創〉に取り組めるように提示しました。

今、成熟した日本で、多くの若い人が自分の将来に明るい夢をもてないでいます。厚生労働省の統計では、平成21年3月に高校または大学を卒業し、就職した若者たちの3年後の離職率は、それぞれ35・7%と28・8%、なんと3年以内に約30%の若者が辞めてしまう時代なのです。

さらにそういう人たちの一部が、就学・就労・職業訓練のいずれもおこなわないニートやフリーターとなって、若者の貧困化、晩婚化という日本社会の根底を揺るがす問題となっています。そんな現状の日本は、将来を担う子供たちからの大切な預かりもの。近い将来、今の子供たちやこれから生まれくる子供たちから、感謝され、尊敬されるに値する〝より良い状態〟を創ることができるステキな大人として成長し続けるために、本書が日本の若い人たちの応援歌（エール）となれば幸いです。

2013年5月吉日

㈱自創経営センター
代表取締役　東川広伸

目次

第４章　奇跡のノートの仕組み

第６章　ランクＵＰノートの書き方　147

装　　丁　美柑和俊
編集協力　宇恵一郎
作　　図　森口あすか

第1章　自分の将来について考えてみよう

いま、幸せですか？

幸せを追求するとはどういうことか考えてみましょう。

あるテレビのインタビューで、２０代の女性に「幸せですか？」と尋ねている場面を目にしました。聞かれた女性が、「今、一番幸せです」と答えていました。

それを見ていて、わたしは「ほう、今の若者たちも、思った以上になかなか頑張っているな」と感心したのですが、違ったのです。インタビューの答えには、その先がありました。

「今が一番幸せだと思う。だって、３０代、４０代、５０代と、この先のことを考えると暗くなってしまうばかり。今がまだましかな」

がっかりしました。将来の暗さに比べて今の方がまだましだというのです。

自分の将来に対して悲観的なのです。確かになんだか先行きが見えない世の中です。若い人たちは気に入った会社への就職がなかなか難しい。やっと会社に入っても給料はなかなか上がらない。

「わたしたちが歳をとって年金は出るのかな」との不安も、若い人たちと話していて、よく耳にします。

それにしても、彼、彼女ら若さあふれる20代の今こそ、将来を自分たちで築いていかないと、もったいないのではないでしょうか。

確かに周りを見渡すと、自分の将来に夢を持てない若い人たちが増えています。その原因の一つに、具体的な夢を持ち、ワクワク働いている30代以上の大人が減っており、20代の若者が憧れることができる大人が少ない社会になっているような気がしてなりません。将来の夢の描き方をみんな何か間違っているのではないか、と強く思うのです。

何のために働くのか

それでは皆さんにも、聞いてみることにしましょう。

「あなたは何のために働いているのですか?」

何を当たり前のことを、と思うかもしれません。「自分が人間として成長するため」とか「成績を挙げて会社の業績を上げるため」という答えが返ってきそうです。

実際に会社の社員研修などに呼ばれて、わたしが若い社員さんに、「みんな何のために働いてんのん?」と関西弁で尋ねると、多くの場合「人間として成長するため」とか「会社の業績を上げるため」という優等生的な答えが返ってきます。

そこで、もう一歩踏み込んで、「本音はどうなん?　正直に教えてや」とたたみかけて質問してみると、多くの人が「生活のためです」と答えてくれます。

まさにその通りです。人はだれでも、食べていくため、生活のために仕事をします。働きます。

少しでも多くの収入を得たい。そして少しでも広い家に住み、いい車にも乗りたい。余裕を持って海外旅行も年に一度は、とか、イキイキとして、ワクワクしながら、近い将来に実現すればいいな、というような願望はあるはずなのに…。

では、ここで、少し意地悪な質問をしてみましょう。

「『生活のため』というけれど、今の生活を安定させて、維持するためですか。それとも将来の生活のためですか?」

こう聞かれると、大抵の人はハッとします。今、仕事をしている人のほとんどが、〝今の生活〟のために働くことに追われ、「将来の生活のため」という大切な目的を見失っているのです。

もちろん、今の生活を安定させ、良くすることも大切です。しかし、将来の生活を〝より良く〟するために、今の仕事をしているはずであり、また、そうあるべきです。

さらに聞いてみることにしましょう。

「将来の生活のためというけれど、今より良くなりたいですか? それとも悪くなりたいですか?」

これには、100人いれば100人が「今より良くなりたい」と答えるでしょう。

今より悪い生活を目指して働く人はいないはずです。確かに、厳しい経済情勢のもとですから、未来に対して悲観的な予測をする人はいるかもしれません。でも、わざわざ今より悪い生活を目指すわけはないのです。より良い将来をだれもが思い描きます。

「今の生活をまず安定させて、将来のより良い生活を実現するために働く」。質問を重ねて出た結論は、きわめて決まりきったことです。

それでは、どうすればそれが実現できるのか、明確に答えられる人はあまりいないのです。

自分のことなのに、自らの将来をどうすべきか、どうしたいか、自分でわからない。自分の将来をだれが考えてくれるでしょうか。自分でもどうしていいかわからないことを、他人はどうしようもありません。

どうすればそれが実現できるかを考えてみる必要があります。

１０年後のあなたは？

皆さんが思い描く「将来のより良い生活」を、もう少し具体的にわかりやすく、考えてみることにしましょう。

10年後を想定してみます。

「10年後のあなたは、今より、何が、どれだけ、良くなっていますか?」、こう聞かれても、なかなか答えられるものではありません。ずばり答えることのできる人は、それほどいないのではないでしょうか。

「10年後に何歳になるか」と聞かれて、だれもが正確に答えられるのに、10年後の自分の姿は容易には描けない。なぜそうなのかというと、漠然(ばくぜん)と「良くなりたい」とは思っているのですが、具体的に『いつまでに、どれだけ、良くなりたいのか』が明確でないからです。

2つのソウゾウ力を発揮する『自創(じそう)の人』になろう!

すなわち、将来の〝進むべき方向性〟が具体的に見えていない状態なのです。

よく、「先が見えない」「将来が不安だ」という人がいます。「不安」から離れるには、どうしたらいいか。

「安全」で、より「安定」し、より「安心」して生活している状態を自分で具体的に想像し、その〝進むべき方向性〟を明らかにすればよいのです。

自らの進むべき方向性として『幸せに暮らしている状態』という、自らの将来像は、だれが描いてくれるでしょうか。

それは、人任せにして、だれか他人が描いてくれるものではありません。また、会社から「はいどうぞ」と、一方的に与えられるものでもありません。先輩から、「こう描きなさい」と教えられるものでもありません。

では、「自分のより良い将来」を創り出すのはだれでしょうか？

そうです、自分自身しかいないのです！

将来のより良い生活を創造するのはあなた自身なのです！

自分で創る自分の将来。「より良い将来」を創るのは、自分自身をおいて、ほかにいないのです。

自らが自主領域を創設して、自らの「より良い将来」を創り出すこと。これを私は、「自ら創る」という意味で『自創』と名付けています。

『自創の人』になる。これが、あなたの人生を組み立てる上で、もっとも大事なことです。
目標であり、キーワードです。

主人公は、あなたなのです！

わたしたちが提案する『自創の人』になる方法を、これから一緒に学んでいきましょう。

第2章　仕事を通して自分の夢を実現しよう

夢は、実現させるもの

自らの〝進むべき方向性〟を、ひと言でいうと〝夢〟です。

夢は、「見る」だけのものでも、「目指す」だけのものでもありません。**夢は『実現させる』**ものです。夢とは、叶(かな)えるものです。実現できてこそ、夢は夢として意味があります。

ところで、「あなたは、夢を実現してはいけません！」とだれかに言われたことがありますか？　万が一、そのようなニュアンスのことを言った人がいたとしても、その人にそんなことを言う権利は絶対にありません。逆に、だれでも、夢を実現させる権利と可能性を持っています。そして、夢を実現させる能力（自らの意志で自由に手・口・足を動かす…すなわち行動する力）を、すでに持っているのです。

では、自らが主人公となって創り出す、『自創(じそう)』という考え方で、どのようにして夢を描き、「夢の設計図」を準備し、実現させていけばいいのでしょうか。

よく「理想（夢）と現実は違うから…」と言う人がいます。つい、「で…？」とか「だから…？」

と突っ込んでしまうのですが…。夢を実現させることができない理由として、まったく成立していません。

まず、今は未だ実現していないからこそ、夢は〝進むべき方向性〟（あるべき姿）として成り立つのです。

また、今という現実に、理想としての夢を実現する根拠は未だなくて当然です。

仮に夢を実現する根拠がすでに目の前にあるのに、実現していないとするならば…、本人の怠慢以外の何ものでもありません。

「現実」という2文字の漢字を入れ替えてみてください。「**実現**」となりますね。要は、いま現実にとっている行動を一つずつ変化させていけば、着実に夢実現に一歩ずつ近づいていくのです。

具体的に夢をイメージする

子供のころに描いた夢を思い出してみましょう。

「医者になりたい」「社長になりたい」「お嫁さんになりたい」「歌手になりたい」など、具体的な職業や職種などを思い描いたことがあるはずです。

また、「大きな家を持つ」「お店を持つ」「ブランドバッグを手に入れる」など、「何かを手に入れる」という表現で夢を語ることもあります。

「幸せに暮らす」「楽しい生活をする」など、あいまいな表現の夢は論外としても、具体的な職業や、手に入れたいものを思い描いた場合でも、それだけでは具体的な夢とはいえないのです。

わたしも子供のころ、野球選手になりたいと思っていました。

しかし、いまのわたしは野球選手になっていません。なぜでしょうか？

その理由の一つは、「野球選手になって愉(たの)しく生活をしている状態」を〝具体的〟に想

像できていなかったからです
あなたも、思い当たりませんか？

ある職業・職種、あるいは地位・立場でもいいでしょう、それを夢として表現しても、その夢は〝具体的〟ではないから実現しないのです。

夢が実現すれば、「どのような動きをして、どのような結果を出していて、どれだけ愉しんでいるのか？」など、より具体的に表現することによって、鮮明に〝愉しんでいる〟自分の『姿』がイメージできます。それが当然、必要となる努力より前に、夢の実現のために求められる条件です。

わたしには、「野球選手になりたい」との夢はありましたが、具体的に「どのような活躍をし、どのような成績を残し、ファンをどのように楽しませているか」というイメージが描けていなかったのです。

それが、わたしの野球選手の夢が実現しなかった一つめの理由です。

もう一つ、夢が実現しなかった理由があります。それは、「なりたい」と思っていたとしても、「なるんだ」と〝決意〟していなかったからです。

「かっこいい」から「野球選手になりたい」と、単に思っただけで、「野球選手になる」という決意には至っていなかったのです。

思うだけでは、「野球選手になりたい」という夢を『実現させる』動機としては弱いのです。

「なんのためにそうなるのか？」「なってから自分はどんな生活をしているのか？」というねらいが不明確なままで、具体的にイメージできていなければ、夢の実現に向けて行動し続けることは、難しいのです。

夢は、具体的に〝なりたい自分〟の姿を、立体的でカラー動画のように鮮明なイメージとして描くことが大切なのです。

イメージした姿が、「愉(たの)しく暮らしている様子」「幸せに過ごしている様子」「快適に生活している様子」など、「今より良い状態」として具体的にイメージできるようになれば、いいのです。

〝なりたい自分〟が鮮明にイメージできれば、その夢に向かってワクワクしてきます。

そして、「そうなるんだ」「そうならずにはいられない」と強く思うようになります。

そうなれば、夢は現実の目標として、目の前にその姿がありありと現れてきます。

マイホームの夢を描いてみる

夢を現実のものとするためには、夢の実現というゴールにたどり着いた状態を、明確にイメージすることが大事です。

具体的には、『○○歳には、○○になって○○をしているのを愉(たの)しんでいる自分とは、どんな状態か?』と、何度も自分に問いかけ、これから創っていく〝条件〟や、これから整えていく〝環境〟や、これから身に付けていく〝実力〟などを明確にしていくことが大切です。

具体的にマイホームの夢で説明しましょう。

たとえば、「40歳には、4LDKのマイホームを手に入れて、月に1度は、庭でバーベキューパーティーを愉(たの)しんでいる状態になる」と、具体的に夢を描いたとしましょう。

「その夢が実現している状態とは、どんな状態か?」と自分で問いかけると、「頭金800万円を現金で支払え、4000万円の融資が受けられている状態。かつ、ローンの支払いを考えると、貯蓄が２００万円以上あり、月に使えるお金が２５万円以上あればよい」と、かなり具体的になってきます。

この資産状況で融資を受けられ、かつ、安心して生活できるためには、年収をいくら確保すべきなのか、という計画が立てやすくなります。

そのためには、できるかぎり必要なお金を正確に算出できるように、「４ＬＤＫの家に住んでいる状態とはどんな状態か？」とイメージすることが大切です。「４ＬＤＫのマイホームが、どのような地域に建っているのか？」によって価格は変わります。

また、「その家でパーティーに、どのような人たちが来ていれば、パーティーを愉（たの）しめている状態なのか？」をイメージすることによって、今からの人脈づくりの目標や、〝良い人間関係が創れる自分〟を、どこまで創ればよいのかが明確になります。

このようにして、夢というゴールに辿り着いている状態とはどんな状態か、を明確にイメージできるようになれば、今という「現実」と将来の「夢」とのギャップ（差）を明確にすることが可能になります。あとは、そのギャップ（差）を埋めるための行動をとり続ければ良いのです。

夢の描き方の5つのステップ

それでは、個々の夢を具体的に描くには、どういう手順を踏めばいいのでしょうか。まとめてみると、次の5つのステップになります。

①「願望」を書き貯める

「○○になれたらいいなぁ」

「○○があったらいいなぁ」

という表現で、「願望」を毎日1つ以上書き続けましょう。

いわゆる『願望貯蓄』です。

どんなことでも構いません。「こんなことを書いても、どうせ…」などと疎(おろそ)かにしたり、粗末にしたりしてはいけません。

どんな些細なことでも、〝書き貯める〟ことが大切です。

後で見返した時に、「どうして、こんなことを書いたのだろう?」と思う時があるかもしれません。しかし「いいなぁ」と、その時は感じた自分が確かにいたのです。今は、そう思わないかもしれませんが、また、「いいなぁ」と思う時がくるかもしれません。せっかく書いたことは、消さずに残しておくことが大切です。

②「欲求」を引き出す

「○○になりたい」
「○○を手に入れたい」
という表現で、①で書き貯めた「願望」を毎日見て、〝なりたい自分〟を想像し、「欲求」を引き出します。

ここでは一旦、現実を無視することが非常に大切です。

今とは違う〝より良い状態〟としての夢を具体的に描くにあたり、現実にこだわりすぎると、「今の状態ではとても無理だ」と、人というものは、この欲求を打ち消そうとしてしまう傾向があるからです。

今とは違う〝より良い状態〟としての夢を具体的に描いていこうとしている最中ですので、今の現実には、未だその夢実現のための条件や環境、実力などは、備わっていなくて当然なのです。

すなわち、夢を描いている段階では、夢実現のための〝根拠〟は、今は未だないのが当たり前です。

しかも、未だ、その夢実現に向かってスタートをする前の段階です。

〝今から、ここから、自分から〟、今とは違う〝より良い状態〟に向かうために、今は未だ無い条件や、今は未だ整っていない環境や、今は未だ身に付いていない実力などの〝根拠〟は、これから時間をかけて、着実に創ればよいのです。

ここで夢を諦めるのは、あまりにもったいないではありませんか。

③「想像」をふくらませる

「○○になって、○○をしている状態を愉(たの)しんでいたい」

という表現で、②の欲求を「愉(たの)しい」や「うれしい」や「面白い」などといった前向きな表現で想像をふくらませます。

ここで、②の欲求を1つだけ選ぶのではなく、複数を組み合わせることによって、立体的でカラー動画のイメージができるようにすることが重要です。

④「期限」を決める

「○○歳には、○○になって、○○をしている状態を愉（たの）しんでいたい」

という表現で、③の「想像」に年齢を加えることによって、〝なりたい自分〟としてのゴールを自ら決めるのです。

期限を加えるのは、夢実現のために本来『今』やるべきことが、「いつかやればよい」と先送りされ、なかなか行動に移せない可能性を避けるためです。

⑤「決意」する

「○○歳には、○○になって、○○をしているのを愉（たの）しんでいる状態になる」

という表現で、④で「期限」をつけ加えた〝なりたい自分〟に「なる」と「決意」するのです。

今とは違う〝より良い状態〟として描いている夢を、「実現する」とまず決意をしてから、その夢実現のための条件や環境、実力といった、今は未だない根拠を創っていけばよいのです。

夢実現のための〝とるべき行動〟とは、この〝根拠づくり〟と言えるのです。

すなわち、**夢を描く今の段階で、『根拠なき決意』をすることが、最も重要なのです。**

以上の5つのステップを踏むことによって、「○○になりたい」といった「願望」にとどめることなく、「決意」まで高めて、夢を具体的に描きましょう。

具体的な夢の実現に向けて

それでは、具体的に夢実現の方法を学んで行きましょう。

「夢を実現させる」ためには、目標を設定することから始めます。

第１表　自分の人生をより豊かにするための４つの原則

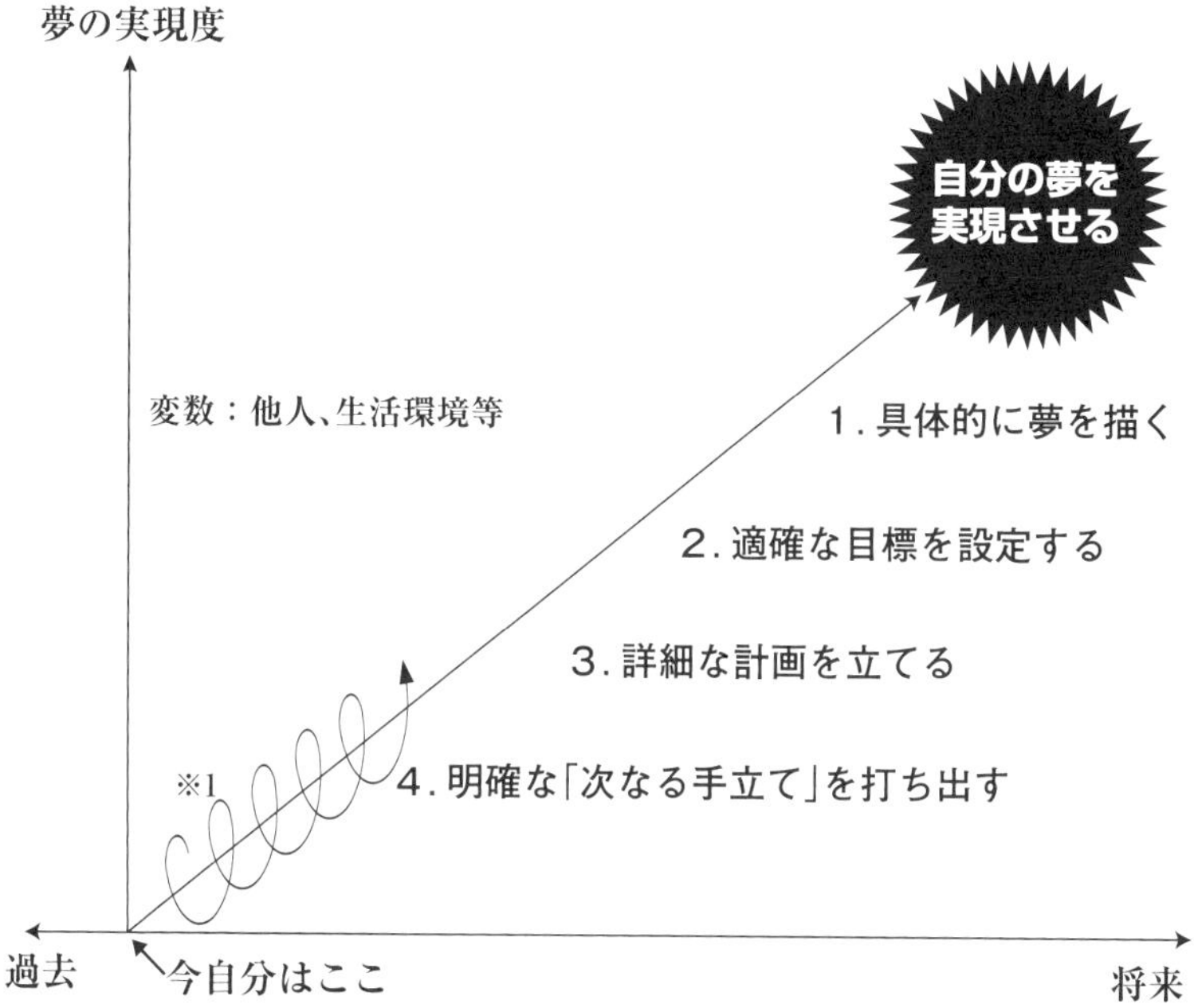

［※1の拡大図］

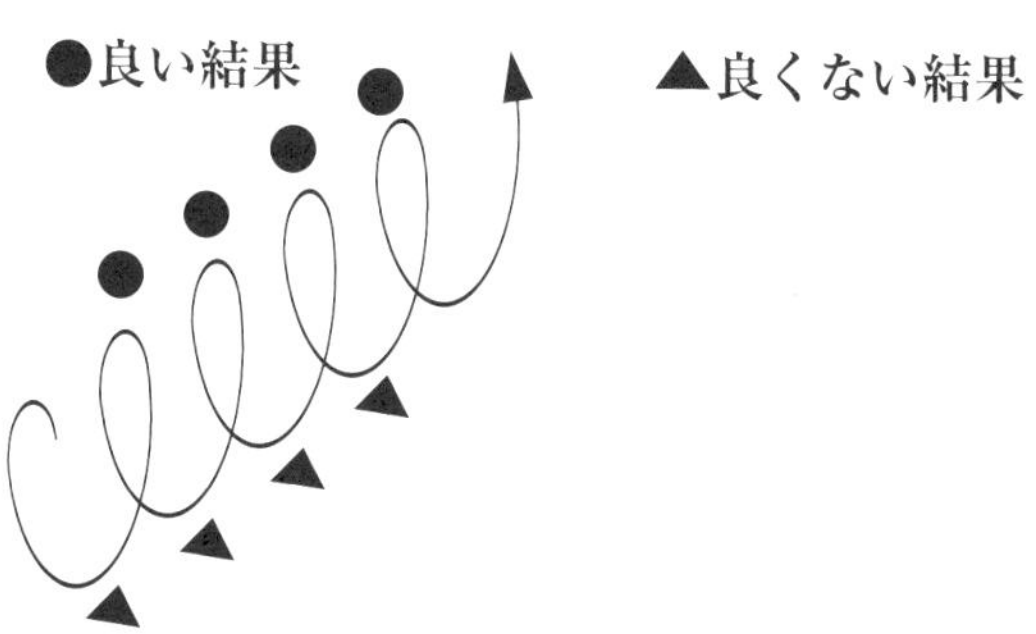

適度な**大きさと高さ**で、確実に夢が実現できる目標を設定することができるようになりましょう。

そして、目標達成に向けて、詳細な計画を立てることができるようになる必要があります。（**第1表**参照）

大事なのは、①**いつまでに**（目標達成時期）、②**何を、どれだけ**（適確で、可能な限り高い目標）③**どうやって**（詳細な計画）を、自分でわかるように立てることです。どれが欠けても計画はぼやけてしまいます。

それができれば、次に、その目標の達成に向けて立てた計画に基づいて実行に移すことです。

「努力」はだれでも、簡単に口にします。重要なのは「実行」に移すことにあります。いくら立派な計画でも実行しなければ意味がないのです。詳細な計画を立てて、実行し続けることで着実により良い結果を出していきましょう。

それが、より良い将来を生み出すこと、つまり夢の実現につながります。

「でも、人生目標（夢の実現）に向けて、『よし、やるぞ』と計画を立ててはみても、自分の努力だけではできない」という人もいるでしょう。

確かにそうです。だれもが、いろんな人との関わりの中で日々の生活をしています。自分では努力しているけれど、「まわりが自分の思い通りに動いてくれない」「思い通りに変わってくれない」、さらには、もっと悲観的に、「周囲が邪魔をして実現できない」「今の社会じゃないのかも…」。そう思うことはままあるものです。

でも、考えてみてください。

それは、できないことの「いいわけ」でしかないことに気づきませんか。できない「理由」は、いくらでも思いつきます。あなたにも経験があるでしょう。しかし、それではだめなのです。「できない理由探し」に努力するほど無駄なことはありません。いくら懸命にできない理由を探しだしても、その作業は後ろ向きです。前に進む力にはなりません。

大事なことは夢の実現、目標の達成にあるのですから、ちょっと立ち止まって、「まわりの人が思い通りに動いてくれるには、どのようにはたらきかければよいのか？」「周囲が喜んで協力してくれる状態になるには、自分の行動をどう変えるべきか？」など、どうしたらできるか、「できる方法」を考え、探し求めることが重要なのです。

「できない理由」を探すのではなくて、「できる方法」を考え出しましょう。

そこで、さきほど申し上げた『自創（じそう）』の登場です。「人は本人の意志」のみで動くのです。他人のせい、まわりのせいにしないことです。人はだれでも、自分自身の中に、自らが厳しい局面を切り開くすばらしい知恵と、考える脳力を持っています。それを生かせばいいのです。

それが、わたしの主張する『自創（じそう）の人』になることの意味です。

目標への道は螺旋形（らせんけい）

夢実現に向けて、適度な大きさと高さの目標を設定してみた。でも、すんなりとは進まない。当たり前のことなのです。

マイクロソフト社を今の隆盛に導いたビル・ゲイツ氏でも、iPhone（アイフォン）を生み出したＩＴ

界の革命児のスティーブ・ジョブズ氏でも、同じように悩んだでしょう。

どんな大企業を成功に導いた大社長でも同じ悩みを抱え続けてきたはずです。あなたの会社の社長も例外ではないはずです。

大事なことは、その悩みをどう受け止めて、どう乗り越えて前に進むか、にあります。

今の自分から、１０年後なら１０年後の「将来の自分」に向けて、適確な目標と、達成に向けた詳細な計画さえあれば、あなたは着実に向上していきます。

しかし、目標の達成に向けての向上は、常に一筋の右肩上がりというわけではないのです。計画通りの結果が出る時（○《マル》）もあれば、思い通りの結果が出ない時（△《サンカク》）もある。小さな停滞を繰り返しながら前に進んで行くものです。

余談ですが、「思い通りの結果が出ない時」を「×《バツ》」ではなく、「△《サンカク》」で表しているのは、完全な失敗ではないからです。

毎日、目標の達成に向けて立てた計画に基づいて行動を起こしますが、いつも計画通りの結果が出るなんて現実にはありえません。自分の夢を実現する人というのは、星の数ほどある、思い通りにいかなかった結果を冷静に受け止めて、うまくいかなくなった理由を考えて、次の行動を改善し続けたからこそ、成功したのです。

そういう意味で、わたしは「思い通りの結果が出ない時」は「×（バツ）」ではなく、「△（サンカク）」で表したほうが適切だと思うのです。皆さんはどう思われますか。

どちらにしても、どんな見事な計画と、しっかりとした実行力を持っていても、目標への道は、常に螺旋系（らせんけい）を描いて進んでいくものなのです。

元来、「成長」とは、そういうものなのだと考えましょう。

「次なる手立て」を考えよ

それでは、計画に基づいて行動をしたのに、なぜ△（サンカク）（目標未達成）の結果が出てしまったのでしょうか。それは、2通りのことが考えられます。（**第2表**参照）
ひとつには、そもそも、△（サンカク）の結果を招くような行動をとってしまったこと。
もうひとつには、○（マル）（目標達成）となるような行動をとらなかった、とれなかったこと

第２表　結果を見て、行動を変える

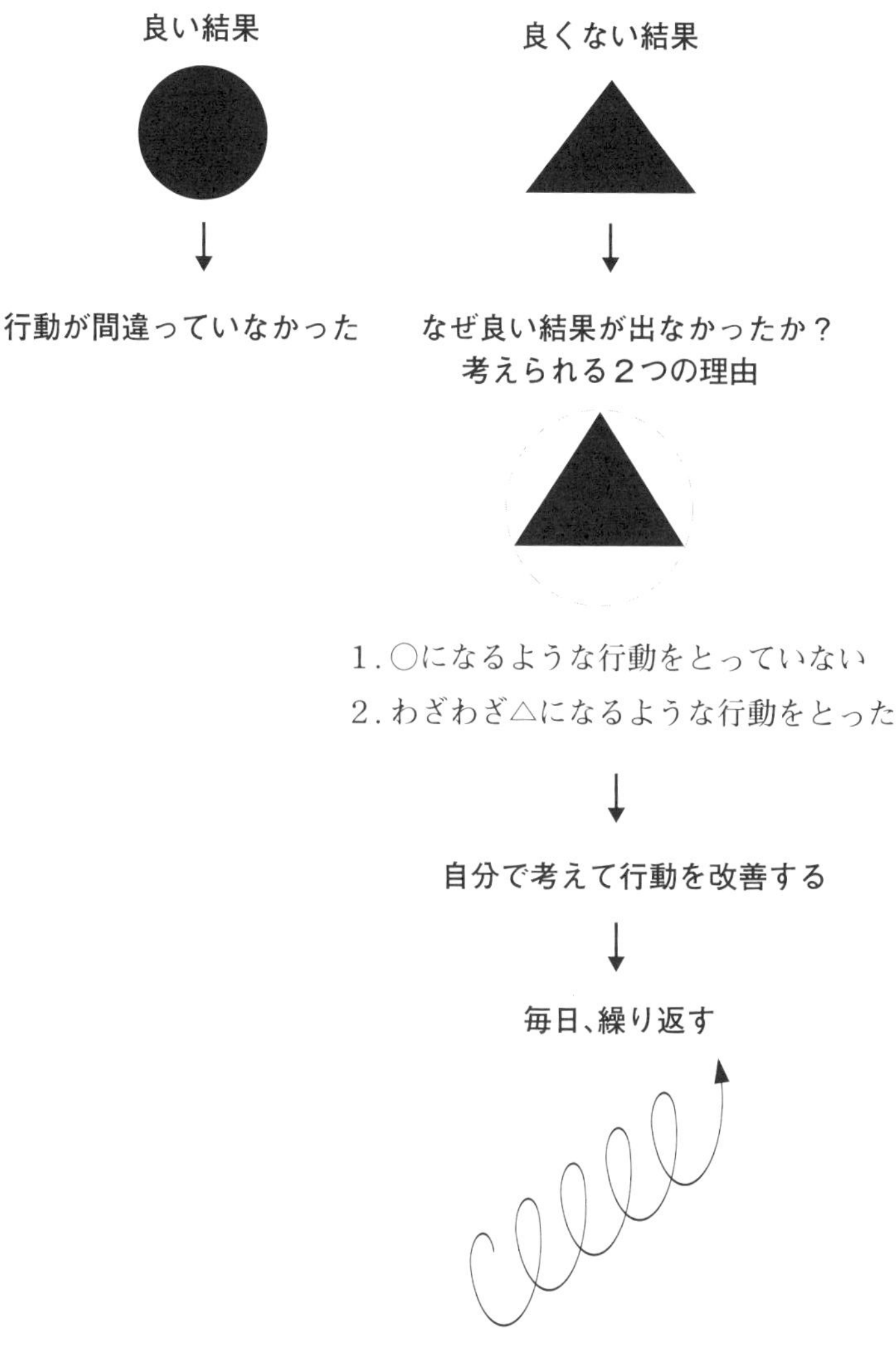
良い結果
行動が間違っていなかった
良くない結果
なぜ良い結果が出なかったか？
考えられる２つの理由
1.○になるような行動をとっていない
2.わざわざ△になるような行動をとった
自分で考えて行動を改善する
毎日、繰り返す

です。

つまり、◯（マル）という結果を導きだすための適確な行動をとることができなかった、ということです。

自分が「良い」と思ってやったことでも、良い結果を生むとは限らないのです。目標達成に向けた行動が「ひとりよがり」になっていないか。他人からの客観的評価、アドバイスを受け入れることも、時には必要です。

いずれにしても、何らかの原因（要因行動）で、より良い結果が出ていないことに気づくことが必要なのです。

その原因は何か、◯（マル）という結果を出せなかった原因である「改めるべき行動」があるはずです。

毎日、毎週、毎月、毎年、それぞれの得た成果、出した結果に対して、**「それはなぜ？」「他にあるなら？」とくり返し自問自答し、気づきを得ることが最も重要なのです。**「～しなかったからか！」（とらなかった行動）、もしくは「～しちゃったからか！」（とった行動）に「あっ、そうか！」と気づけばしめたものです。**「自分なりの改めるべき行動」**に気づけば、あとはそれをどのように改めれば、より良い結果を出すことができるのかを具体的に考えれば良いのです。これが「明確な次なる手立て」になります。やみくもにやり方を変えては、混乱を招くばかりです。思った結果を出せなかった原因の行動にしぼって、やり方を改めるのです。

自分の行動を、日々改めていくことです。「1日1行動改善」です。「明確な次なる手立てを打ち出す」のです。

これが、第1表にあげておいた「自分の人生をより豊かにするための原則」の4つめです。これができれば、いやでも徐々に、「△（サンカク）」から「○（マル）」へと、良い方向に向かいます。

より良い結果が出せるまで、「次はこうしよう！」と『次なる手立て』としての「行動改善」をやり続けることによって、〝自分なりのうまくいく方法（行動）〟をつかみ、「成長」を遂げることが可能となります。それによって、今とは違う〝より良い結果〟を出し続けることが可能になるのです。

イチロー選手の方法

人間は、他人がその人なりの良い結果を出しているやり方（行動）と、同じように行動したとしても、同じように「より良い結果」が出せるとは限りません。

たとえば、もしわたしがニューヨーク・ヤンキースのイチロー選手と、朝から晩まで全く同じ行動をとり続けることができたとして、イチロー選手と同じ結果を出すことができるでしょうか？

答えはもちろん「ノー」です。

人それぞれに価値観、性格、考え方、能力などといった内部要因の違いがあります。また、生活環境や、その人の立場、まわりから期待されている役割などといった外部要因の違いなど、人それぞれに今ある条件には違いがあります。

たとえ他人と同じ行動をしたとしても、それ以外の条件がすべて違うので、同じような結果を出すことは難しいのです。

そこで考えてみましょう。なぜイチロー選手は、あれだけの結果を出し続けることができるのでしょうか？

また、世の中で成功している人は、なぜ成功しているのでしょうか？

答えは実に簡単です。

それは、〝自分なりのうまくいく方法（行動）〟をつかんでいる、体得しているからです。

正確にいえば、〝自分なりのうまくいく方法（行動）〟をつかむ「やり方」を実践しているからなのです。

ただし、うまくいく方法を最初からつかもうとしても極めて困難です。

たとえば、初めてプールに入った子供が最初から平泳ぎができるでしょうか？

ほとんどの子供が最初は泳げないでしょう。

わたしももちろん、そうでした。腕と足を交互に曲げ、伸ばすやり方や、息継ぎの方法などについて教えられて、トレーニングを積み重ねるうちに、「腕を伸ばすタイミングが遅かった」「足を曲げきれていなかった」「水の中で息を吐くことができていなかった」などと、『自分なりのうまくいかない方法（行動）』を見つけ、それを改め続けた結果、泳げるようになったのです。

〝自分なりのうまくいく方法（行動）〟をつかむためには、〝自分なりのうまくいかない方法（行動）〟を見つけ、改め続ければいいのです。

そのためには、「良い結果が出なかった」という現実、つまり「失敗」を経験することが大切です。

何もわざと失敗と思われることをやれ、と言っているのではありません。失敗を恐れ、行動そのものを起こさないことが良くないと、強調したいのです。

そもそも失敗とは、良くない結果が出た後で、行動を改めようともせず、次から行動することを諦（あきら）めてしまうから、失敗に〝なる〟のです。

ところで、イチロー選手は、初めて対戦する投手に対して、最初の打席では、わざと見逃しの三振という「失敗と思える結果」を出していたそうです。

そうして、できるだけ多くのボールを投げさせて球種を見定め、「1球目のボールは手を出してもヒットにならないだろう」「2球目のボールなら、こうスイングすればヒットになるだろう」「次は、このようにしてより良い結果を出そう」と『次なる手だて』を、はっきりと打ち出して、次の打席に立つのです。

たとえ、その打席で、残念ながらヒットにならなかったという結果が出たとしても、「バットを振るタイミングがずれていた。それは立ち位置が少し前だったからだ。次は少し打席の後ろに立とう」と、また『次なる手立て』を打ち出すのです。

この、行動→整理→反復を繰り返し継続することが、〝自分なりのうまくいく方法（行動）〟をつかむコツなのです。

エジソンの場合

発明王・エジソンにも、こういうエピソードがあります。

電球を発明した時のことです。

何度も実験で失敗を繰り返し、「この部品の組み合わせではうまくいかなかったから、次はあれとこれで」と、「行動改善」を繰り返した結果、フィラメントの材質と耐熱性に問題があることを突き止めました。

そして、日本から京都産の竹を取り寄せ、それを削ってフィラメントに加工し、ついに電球に明かりがともり、発明王として名を残したのです。

そのエジソンが、電球発明後のインタビューで、「発明までに1万回も失敗したそうですね」と聞かれ、こう即答したといいます。

「いいや、1回も失敗なんてしてないよ。1万回の〝うまくいかない方法〟を見つけただけさ！」。

良くない結果を出せば、普通は落ち込むものです。しかし、失敗と思える現象を「失敗だ」と諦めず、逆に「自分なりの改めるべき行動を見つけるチャンスだ！」と前向きにとらえることの重要性を教えてくれます。

そういう視点で、自分の行動を毎日、点検→修正→確認することを続けていくことが大事です。

そのことができれば、結果が思い通りに出ない原因が取り除かれて、目標、つまり自分の夢の実現に、確実に一歩ずつ近づいていくはずです。

人生と仕事

人生にももちろん目標と計画が必要です。

ところで、人生には、**第3表**にあるように、目標を設定すべき、さまざまな分野があります。

大きく分けてみると、**「健康」「仕事」「経済」「家庭」「社会」「人格」「学習」「余暇」**が数えられるでしょう。

どの分野でも、夢があり、願望があり、その実現に向けて目標を設定する必要があります。

「健康」なら、理想的な体重の管理、維持をねらいとして、「週に何回、スポーツジムに通おう」、「毎朝、散歩を30分続けよう」とか、皆さんも決意したことがあるでしょう。

「経済」なら、「○○歳で、マンションを買おう」、そのために「月々いくら貯金しよう」とか、だれしも考えます。

どの分野であれ、その「夢」「願望」の実現に向けて、第1表で触れた、①**具体的に夢を描く**、

第3表　人生を豊かにする「夢・願望・目標」

[健康] 30分の散歩
週（　）回スポーツジム
体重（　）キロ減

[仕事] 売上、役職、仕事の内容、立場、
ビジネス計画

[経済] 個人的なお金、投資、資産取得、貯金、
ローン返済

[家庭] ○○さんに～する、家族旅行、食事会、
思いやり行動を

[社会] 仲間づくり、サークルづくり、人脈づくり

[人格] 人に信用、信頼されるために時間を守る、
約束を守る、明るく挨拶、笑顔で接する

[学習] 仕事でも、趣味でも、興味のある事

[余暇] スポーツ、趣味、読書

②適確な目標を設定する、③詳細な計画を立てる、④明確な「次なる手立て」を打ち出す、という４つの原則が必要なのは同じことです。

最初に触れましたが、少しでも「より良い将来の生活」を実現すべきなのが人間の本質です。

健康、趣味、家族の幸せ、そうしたさまざまな分野での人生の目標を支えるのがお金、つまり経済分野での目標を達成することを目的としたら、手段としての「仕事の目標」を掲げることが大変重要になってきます。

ここを勘違いしがちなのですが、会社に来て働いているのだから、目標を設定するのは「会社のためだけの」仕事の目標だと考えてしまいます。しかし、そうではありません。まさに「自分のための」仕事の目標を設定しようということです。

「人生を豊かに過ごす」手段としての仕事を通じて、人間としての「成長」を遂げ続けましょう。

そのための実践と訓練を積み重ねていくために、どうすべきか、その『武器』を伝授するのが、本書のねらうところなのです。

第3章　仕事ができる人とはどういう人？

会社組織の目標を通して実践を積む

本書が提案する〈自創(じそう)〉では、社長の夢である理念と、会社組織の目標を通して、自ら仕事の目標を設定し、計画を立てます。それができるようになると、自分の夢を人生目標として掲(かか)げられるようになり、さらにその実現に向けての人生計画も立てられるようになります。

あくまでも本書の目的は、自分自身の生活向上です。そのために仕事を通じて、自分の行動を日々見直して、平気で行動を変えていける方法を身につけるのです。そうした実践を積み重ねることによって、自分の将来が明るいものになるように着実に成長し続けてください、というのがわたしの願いです。

ですから、「仕事の目標」は、みなさん一人一人の夢の実現に向けた「手段」であって、「会社のためだけの」仕事の目標ではありません。自分自身のための目標でもあるのです。

そうでないと、必要以上に会社の目標に縛(しば)られたり、振り回されたりすることになり、ノルマ的なやらされ感を持ってしまい、自創の人と逆の方向に進んでしまうのです。

会社人としても個人としても、夢実現のためには、第１表で書いた、４つの原則は同じです。

おさらいをしておくと、

①具体的に夢を描く
②（夢の実現可能な）適確な目標を設定する
③詳細な計画を立てる
④明確な「次なる手立て」を打ち出す

の４原則です。

これが正しく実践できるようになれば、夢は必ず叶(かな)うことになります。

言い換えると、「人生を豊かにする方法」を身につけるために、仕事を通じて、個人として「成長」してゆこう、ということになります。成長がないと、仕事でのやりがいを持ったり、達成感を味わうこともできないし、給料を増やしていくこともできないし、自分の人生をより豊かにすることもできないのですから。

「成長」とは何か

それでは、「成長」とは、どういうことをいうのでしょうか。

「成長」とは、ひと言でいうと、「変化」することです。

社会人としての基本的な「変化」には、２つあります。

ひとつは、**「これまでできないこと」が、「できる」ようになること**です。

そしてもうひとつは、**「これまでもできること」が、「さらによくできる」ようになること**。

この２つです。

最初の変化では、「新しいこと」に、チャレンジすることが必要になります。２つめの変化では、「より高い目標」に、チャレンジすることを伴います。

第４表　成長の５段階

人に教え人を育てることができる
⑤↑
完全に一人でできる
④↑
だいたいできる
③↑
理解している
②↑
知っている
①↑
知らない

もう少し観点を拡げると、人の成長には、5段階あります。（**第４表**参照）

第1段階では、「知らない」ことを「知っている」に変えます。しかしまだ、この段階では、「わかっているだけで、目的・意味・仕方が正しくわかっている」とは言えません。

第2段階では、「知っている」を「理解している」に変えます。しかし、知識として理解しているだけで、まだ、「やったこと」もなく、もちろん「うまくできたこと」もありません。

次の第3段階は、実際にやってみて「だいたいできる」という段階です。しかしまだ「応用が利かない」ところにとどまっています。

第4段階で、ようやく「完全にできる」と

ころに達します。

しかし、成長の段階は、これでおしまいではありません。最後の第５段階では、完全にできるようになった事柄について、「人に教え」「人を育てられる」ようになる必要があります。ここに至って初めて、社会人として一人前ということになります。

人格能力を高める

実は、この成長のための訓練によって、単に段階的に「職務能力」を上げるだけではありません。あなたの「人格能力」を向上させることにもつながっているのです。

仕事上であってもなくても、社会人として成長すべき、すなわち〝できる〟ようになるべきことは、次の３つです。

① より「多く」の「成功・成果」を得ることができるようになる

② より「良い」「結果」を出すことができるようになる

③ より「魅力的」な「行動」をとることができるようになる

3つめの「より魅力的な行動をとることができるようになる」ことこそが、「人格能力」の向上なのです。

職務能力と人格能力はコインの表と裏の関係です。

つまり、職務能力のレベルを上げていくためには、「忍耐力」「許容力」「表現力」「説得力」「コミュニケーション能力」などの人格能力も必然的に高めていく必要があるからです。

より豊かな人生を望むのなら、夢の実現となる「より多くの成功」を得られるようになる必要があります。これは、仕事の上では、「より多くの成果」を得ることとつながっています。

そのためには、社員一人一人が、「より魅力的な行動をとることができるようになる」（人格能力の向上）必要があります。これがなければ、顧客に喜ばれることもありませんし、会社が扱う商品、サービスの価値が高まるなどの、より「良い結果」を出すことはできないでしょう。

あなたのまわりにいませんか？　仕事はできるけれど、みんなに嫌な奴と思われている人が。そういう人は部下を育てることも、ましてやリーダーになって、より大きな仕事を任されることもありません。

これは仕事だけではありません。自分の夢を実現するには、やはり人格能力を高める必要があるのです。なぜなら、夢を実現するためには、いろんな人に協力してもらわなければならないし、社会人として自分だけ良ければいいというのは許されないのです。

職務遂行の能力が高まり、「仕事ができる人」になることは、人格能力の高い、より魅力的な行動がとれる「ステキな大人」になることといってもいいでしょう。

逆にいえば、個人的に「ステキな大人」は、「仕事ができる人」でもあるのです。

仕事ができる人とは？

それでは、そもそも、この本のタイトルにもある「仕事ができる人」とは、どういう人をいうのでしょうか。

「仕事ができる人の5段階」を示した**第5表**を見てください。

最終的に到達すべきは、第5段階の『自創（じそう）の人』です。究極の「仕事ができる人」です。

『自創（じそう）の人』とは「**自らが計画を立て、チェックし、改善し、その目標の達成に責任を持つことができる人**」です。

これを、部門経営者の定義といいます。

そこに至るプロセスで求められるのは、第一に「積極性」です。そして、「目的意識」を明確に持ち、「周囲との協力」ができ、「自らの分身(NO.2)を育てられる」こと。その段階を踏んでいきます。

そのためには、何ごとも、自らの「時間」と「脳力」を活用して、前向きに取り組む姿

第５表　仕事ができる人の５段階

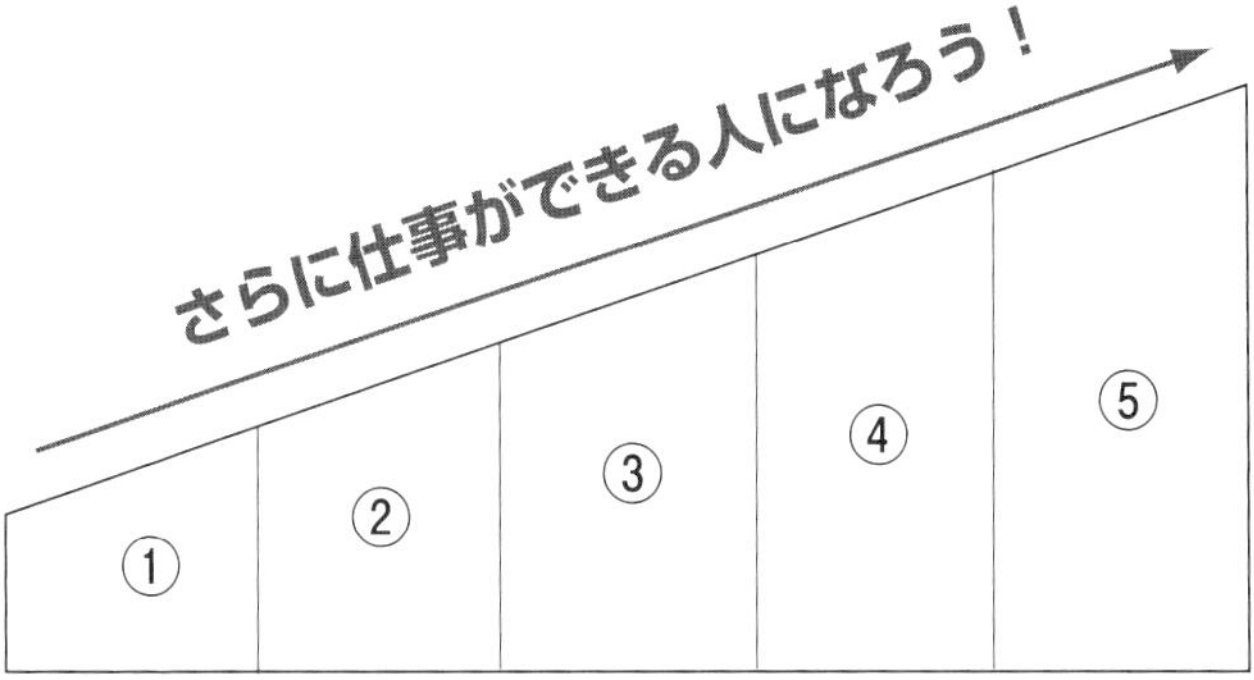

【仕事ができる人　５段階の定義】

①何ごとも素直に受け止め、わからないことは積極的に質問し、前向きに取り組んで仕事ができる人

②常に「何のため」と目的を明確にして、相談・連絡・報告を着実におこない、自分なりの工夫・改善を重ねて仕事ができる人

③自ら進んでまわりの人の仕事に協力し、また、まわりの人の協力を得ながら仕事ができる人

④自らの分身（NO.２）を育成して仕事ができる人

⑤自らが計画を立て、チェックし、改善し、その目標の達成に責任を持つことができる人『**自創の人**』（部門経営者の定義）

勢が出発点になります（第1段階）。そして、これからお話しする自創式のノートを活用できるようになれば、皆さんも第5段階の『自創の人』へのランクアップの道を着実に上がって行くことができます。

現在、企業のグローバル化がどんどん進み、グローバル人材が求められています。グローバル人材とは、決して語学が達者な人をいうわけではありません。もちろん語学はできるに越したことはありませんが、外国語がしゃべれるからといって、国際化の時代に通用するわけではないのです。

それよりも、**何ごとも人任せにせず、常に自分の頭で考え、自分で行動し、自ら出した結果に責任を持つ**、まさに『自創の人』こそ、グローバル化時代に通用する貴重な『人財』なのです。

また、『自創の人』であればこそ、仕事を離れても、家族に愛され、家族ともども朗らかで、常に成長し、数々の価値を創造することができる可能性が高い人だともいえるでしょう。

わたしが運営する『自創経営センター』では、これまでの企業へのコンサルティング活動を通じて、たくさんの「仕事ができる人」を育ててきました。その経験を元に、「仕事ができる人」の特質を並べてみましょう。

先に上げた『自創の人』（「自らが計画を立て、チェックし、改善し、その目標の達成に責任を持つことが〝できる〟人」）のほかに、次のような人をいいます。

◎自ら考え行動することが〝できる〟人

◎他人に良い影響を与えることが〝できる〟人

◎自己努力で夢を実現することが〝できる〟人

◎今ある財産を使って、欲しい財を手に入れることが〝できる〟人

まだありますが、こう並べてみると、皆さんも、「それなら目指してみよう」と、具体的にイメージできるのではないでしょうか。

自創経営と自主的社員の関係

今、『自創（じそう）経営センター』について、触れました。『自創（じそう）』という考え方は、総合レンタル業の草分けである「西尾レントオール株式会社」という企業で、長い間、人事を任されてきたわたしの父、東川鷹年（ひがしかわたかとし）が、１５年の歳月をかけて創りあげた、企業の「人が育つ仕組み」です。

いくら、経営者が立派な理念と方針を掲げても、「人が育つ仕組み」ができていなければ、それは「絵に描いたモチ」に終わってしまうのです。

父が入社した西尾レントオールは、当時、社員５３人の会社でした。しかし、この人財育成法の構築で、同社は、オイルショックや経済不況下でも業績を上げ続け、大証二部上場、一部上場と、業界のトップ企業になりました。

父が手がけた人財育成法は、簡単にいうと、社員一人一人が、「働かされる」のではなく、積極的に自主性をもって「働く」システムです。

自主的社員が育つことによって、その企業は活性化し、社長の理念・方針を社員一人一人に着実に伝達でき、その理念・方針を社員全員が認識できるようになります。社員一人一人が、部門経営者となり、自ら計画を立て実行し、明確な責任を持ち、業績を上げ続ける、全員参加の経営法です。

社員の立場でいうと、一人一人が自主的に行動し、自ら計画を立て目標に責任を持つことによって、最終的に「お客様に喜ばれる」ことになります。

「お客様に喜ばれる」ことは、会社の商品、サービスが売れ、会社の業績が上がり、ひいては、社員の給与、収入に反映されます。このことによって、第1章で掲げた、社員それぞれの「夢」を、仕事を通じて実現することにつながっていくのです。

『自創経営』に取り組む企業では、社員の積極的な取り組みは、最終的に、給与、賞与、昇格、昇進に連動する仕組みとセットになって運営されます。自創経営のシステムでは、社員は、「時間を切り売りする労働者」ではありません。一人一人が会社にとって「宝」であり、「財産」だととらえます。それをわれわれは、『人財』と名付けています。

『自創経営』に取り組む社員の立場でいうと、「自らが計画を立てチェックし改善し、その目標の達成に責任を持つ」部門経営者に育ち、会社とともに成長を遂げます。「ワクワクして働く仕組み」なのです。

この『自創経営法』のシステムは、これまでに、西尾レントオール株式会社だけでなく、全国の成熟企業から新興企業にいたるまで350余りの会社に導入され、業績向上に大きな効果を上げています。

人格能力を高める、武器としてのランクUPノート

ここで、『自創経営』と無縁の会社におられる皆さんから、こんな疑問の声が上がるかもしれません。

「『自創の人』になるために、自主的に努力したとしても、うちの会社では給料が上がるかな？」

「給料が上がらなかったら、そうした努力は無駄じゃないの？」

第6表　仕事の報酬

―― 目に見える報酬 ――
給与・賞与・役職
―― 目に見えない報酬 ――
やり甲斐のある仕事 職務能力のアップ 人間としての成長 良き仲間とのつながり

確かに、この本を手に取って、個人として『自創』に取り組む場合は、給与・昇進に直ちに連動しない人もいるでしょう。

しかし、だからといって、『自創』への道を放棄してしまっていい、ということにはなりません。せっかくのチャンスを前にして、あまりにもったいないのです。

そもそも、仕事の報酬というのは、「目に見える報酬」と「目に見えない報酬」があります（**第6表**参照）。

仕事をして、われわれが手にするのは、目に見える「給与・賞与・役職」だけではないのです。「やり甲斐のある仕事」や、それを通じた「職務能力のアップ」「人間としての成長＝人格能力の向上」もあります。そして何よりも、「良き仲間とのつながり」は、あまりに大きなご褒美、報酬なのではないでしょうか。

「さあ、夢の実現に向かって一緒に成長していきましょう」といっても、人は「武器」なしには戦えません。そこで、われわれは、『自創の人』になるための、戦う武器として、魔法のノート『ランクUPノート』と『チャレンジシート』を生み出しました。

このノートの使い方をマスターし、自在に活用できるようになれば、あなたも、今申し上げた「目に見えない報酬」を必ず手にすることができます。もちろん、夢の実現に向けてお金も大事ではありますが、「見えない報酬」を得ることができれば、不確実な時代をイキイキと生きるあなたの人生にとって、まさに「鬼に金棒」です。

その魔法の効果は、これまでにこのノートを活用した延べ数万人にのぼる方々の実践結果から証明されています。

わたしは、これまで経営指導してきた各社で、ノート導入を契機に、たくさんの社員の皆さんがワクワクして働きはじめ、自覚と責任ある部門経営者として育つ姿を目の当たりにしています。そのわたし自身も、このノートを絶対に手放せませんし、これからも自分の夢の実現のために使い続けます。

そして、何よりも、このノートを発案した父である『自創経営』創始者の東川鷹年自身が、３０年以上もこのノートを書き続け、次々と自らの夢を実現させているのです。

もちろん、わたしもたくさんの夢を実現しています。今もなお、いくつもの夢実現のために、毎日ランクＵＰノートと向き合って、毎日ワクワク働かせていただいています。

さあ、それでは、次章からは、奇跡のノート『ランクＵＰノート』と『チャレンジシート』の仕組みと、実際の使い方についてお話しすることにしましょう。

第4章　奇跡のノートの仕組み

仕事のできるステキな大人へ成長するための条件

では、仕事ができる人に育つランクUPノートの仕組みから説明しましょう。

すでにお話ししたとおり、仕事のできる人へ成長するには、次の2つの具体的な行動が絶対条件です。それは、

①高い目標に挑戦する
②新しいことに挑戦する

の2つです。
①の「高い目標に挑戦する」ことが、「できることがさらにできるようになる状態」へと成長するきっかけとなります。
そして、②の「新しいことに挑戦する」ことが、「できないことができるようになる状態」

へと成長するきっかけとなります。

「新しいこと」というのは、初めて取り組むことに限ったものではありません。過去に挑戦し、より良い結果が出なかったからと諦めたり、止めたことなど、「今は未だできていないこと」も含まれます。

①の「高い目標に挑戦する」の目標とは、「ある一定期間における到達点」を表します。そして「一定期間」とは、一般的に「1年間」「1か月間」「1週間」で区切ることができます。

つまり、目標とひと口にいっても、次のように3つの期間で目標を明らかにすることができるのです。

◎1年後の到達点として「**年間目標**」

◎1か月後の到達点として「**月間目標**」

◎1週間後の到達点として「**週間目標**」

そこで、自ら成長する仕組みの「自創（じそう）」では、それぞれの区切りに応じた目標を設定する仕組みになっています。

まず、①の高い目標である「1年間かけて得るべき成果や、出すべき結果、とるべき行動」を「**チャレンジシート**」に記入して挑戦する目標を設定します。さらにその『年間目標』を必達するために、『年間計画』を立てます。

1年間かけて必達する高い目標に挑むことにより、「できることがさらにできるようになる」だけでなく、年間計画の中で新しいこと（今は未だできていないこと）に挑むことにより、「できないことができるようになる」という成長のきっかけを明らかにすることが大切です。

続いて、「**ランクUPノート**」に、その年間計画を着実に遂行するために『月間目標』を設定し、その『月間目標』を達成するために、『月間計画』を立てます。

さらに『月間計画』を立てたら、「**ランクUPノート**」に、その月間計画を着実に遂行するために、『週間目標』を設定し、その『週間目標』を達成するために、『日時の行動計画』を立てます。

これによって、①の「高い目標に挑戦する」と②の「新しいこと（今は未だできていないこと）に挑戦する」という成長課題を、〝得るべき成果〟〝出すべき結果〟と〝とるべき行動〟として明確にするのです。

つまり、〝得るべき成果〟と〝出すべき結果〟、〝とるべき行動〟を見える化するために、チャレンジシートとランクＵＰノートを使うのです。

その見える化ができれば、あとはその行動計画に基づいて、

行動（実践する）→整理（出た結果を検証する）→反復（改めるべき行動を改める）

を毎日繰り返しおこないます。

その中から、自分なりのうまくいく方法（行動）を見つけていくのです。

目標をブレークダウン

この目標のブレークダウンの流れを表わしたのが**第7表**です。

ブレークダウンとは、上位の目標を掘り下げて下位に展開していくことですが、自創（じそう）では、**チャレンジシート**に『年間目標を設定する』ことから始まり、**ランクUPノート**に『月間目標』『週間目標』さらに『日時の行動計画』を設定し、「**年↓月↓週↓日時**」と、順番にブレークダウンしていくのです。

言い換えれば、年から日時へと順番にブレークダウンする過程で、「得るべき成果」「出すべき結果」と「とるべき行動」を〝目に見える形〟にするのです。

そして、ブレークダウンした行動計画に沿った行動（実践する）↓整理（出た結果を検証する）↓反復（改めるべき行動を改める）を毎日繰り返しおこなうことによって、自分なりのうまくいく方法（行動）を見つけていくのです。

第2章でお話ししたとおり、自分なりのうまくいく方法（行動）をつかむためには、自分

第7表　目標をブレークダウンして見える化する

目標とは、ある一定期間における到達点(ゴール)

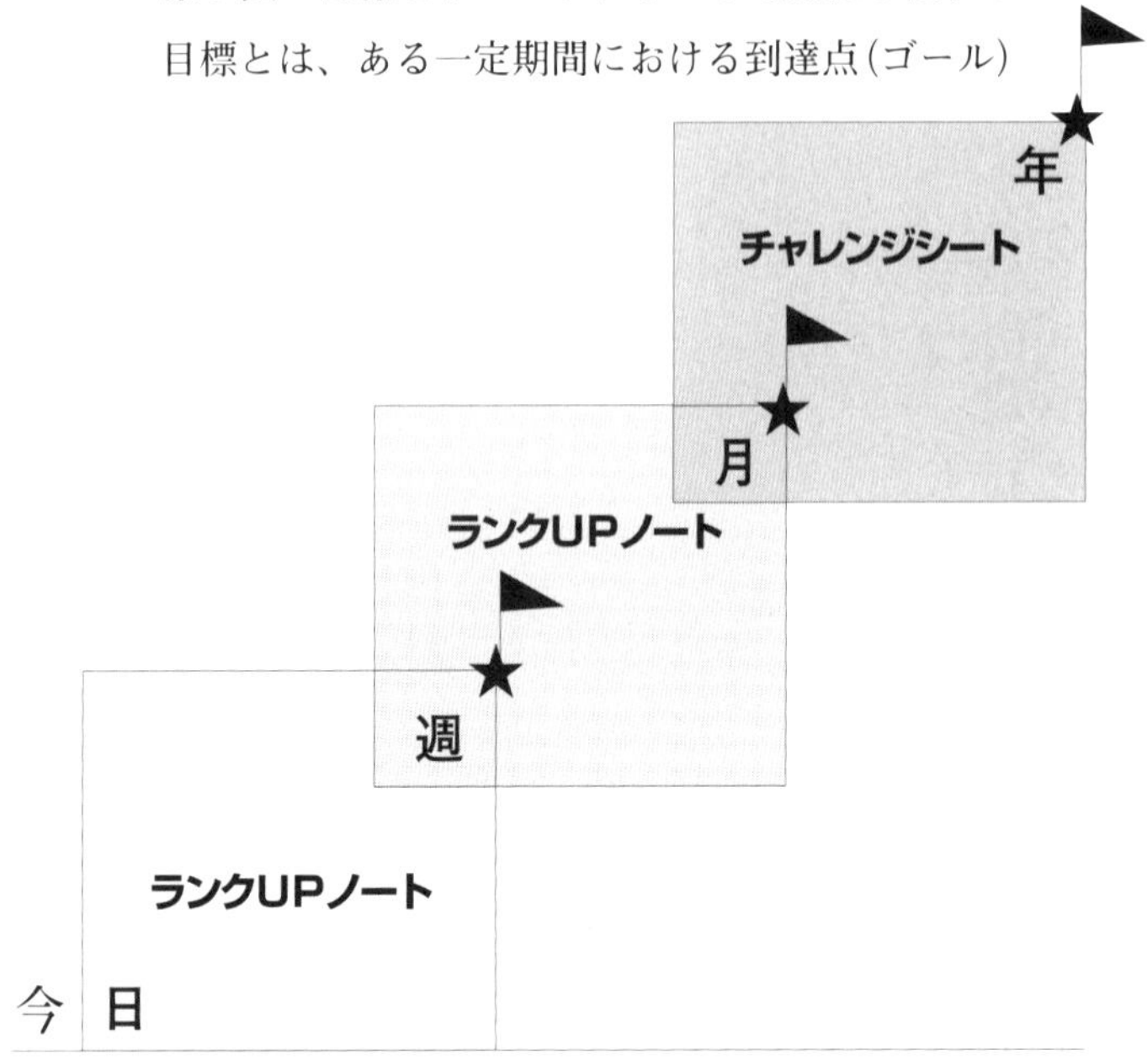

年間目標を設定し、 → **チャレンジシート**
その目標を**必達**するために、
年間計画を立て、その計画の中から
月間目標を設定し、
その目標を達成するために、
月間計画を立て、その計画の中から
週間目標を設定し、
その目標を達成するために、
日時の行動計画を立てる

ランクUPノート

なりのうまくいかない方法（行動）を見つけ、それを改め続けることが大事です。

それを繰り返すことによって、一歩ずつ目標に近づいていくことができるのです。

そのことを、初めてプールで泳いだ子供の例や、天才バッターイチロー、さらには発明王エジソンの例をあげてお話ししたことを、もう一度思い出してください。

イチローであれ、エジソンであれ、自分なりのうまくいかない方法（行動）を見つけ、それを改め続けた結果、成功しているのです。

もっともいけないことは、失敗を恐れて、行動そのものを起こさないことです。

そもそも失敗とは、良くない結果（失敗と思われる現象）が出たあと、行動を改めようとせず、次から行動することを諦めてしまうから、決定的な失敗となるのです。

失敗しても、そのあと自ら改めるべき行動を探り出し、具体的に次からこうするという「次なる手立て」を明確に打ち出して実践すれば、次は良い結果が出る可能性が高まるのです。

そうです！　どんな成功者でもたくさんの失敗をしているのです。ただその中で自分の夢を実現させている人は、諦めずに「行動→整理→反復」を繰り返しやっている人なのです！

本当の目標設定のやり方

人生目標であれ、仕事の目標であれ、目標設定のやり方は同じです。

次の3つのキーワードを活用して、「○○のために、～～を□□にする」と目に見える形にすることが重要です。

■目　的「何のために」

■内　容「何を（行ないとして）」

■出来ばえ「どこまで」

この3つのキーワードがセットではじめて目標の設定ができている状態となります。3つの項目のどれか1つでも欠けていては、目標設定ができているとはいえません。

たとえば、「わたしの年間目標は新規開拓です」という表現で、何をするのかという行ないとしての〝内容〟だけを掲（かか）げる人がいます。

このような年間目標では、出すべき結果として、年度末の目標達成時に、どうなっているのかがイメージできるでしょうか？

そもそも「何件の顧客を開拓するのか？」が不明確です。

出すべき結果が不明確な状態だと、とるべき行動も不明確になり、当然、より良い結果を出すことはできません。

そして、「結果は出なかったが、新規開拓をした」と〝行ない〟を評価して欲しいとなりがちです。しかし、出すべき結果を出しきれず、得るべき成果につながらなければ、何の意味もありません。

よって、**目標設定時において〝出来ばえ〟を明確にすることが絶対条件**になります。

次の例として、「わたしの年間目標は新規開拓1件です」という表現ではいかがでしょうか？

〝内容〟と〝出来ばえ〟は表現できているのですが、〝目的〟として、「何のために」という表記が抜けている場合、1件でよいのか？　2件にすべきではないのか？　などが判断できません。また、そもそも新規開拓をすべきかどうかも判断できません。

「売上○○万円をあげるために」などの目的を明確にすることによって、「新規開拓は2件すべきだ」と判断できたり、「新規開拓よりも既存顧客にこの商品を提案した方が良いのでは？」とやるべきことをより明確にできるのです。

何をどこまでやるのかを明確にしたとしても、今までとは違ったより良い結果という目標である以上は、今までと違った行動をする必要があります。

ですが、目的が不明確な状態であれば、なかなか今までとは違った行動はとれない可能性があります。

「何のためにその目標を達成するのか」という目的を明確にすることによって、今まではできていなかったが、できるようになるべきことがイメージできるようになり、本来の〝とるべき行動〟を明確にすることができるのです。

よって、**目標設定時において〝目的〟を明確にすることも絶対条件**になります。

適確な目標設定とは、「何のために」という〝目的〟が明確であり、「何を」という行ないとしての〝内容〟と、「どこまで」という〝出来ばえ〟が適度なものとなっている状態です。

おカネ以外の数値目標

　ところで、よく「わたしは、間接部門なので（営業ではないので）、目標は掲げられません」という声を聞きます。

「売上目標や利益目標以外は目標ではない」と勘違いされている人が実に多いのです。

　数値が一番測定しやすい指標であることは間違いありません。しかし、事務職や、技術職、総務、経理、そして人事などの職種に携わる人の仕事は、売上や利益に直結しない場合もあります。

　しかしよく考えてみてください。

　数値には、おカネの円以外の単位が他にもたくさんあります。

　たとえば、新規顧客の開拓「件数」や新卒の採用「人数」、新商品の発売「個数」やニュースレターの発行「枚数」など、内容に応じて単位はさまざまです。

　単位はさまざまであっても、それぞれの〝やるべきこと〟として、「どのような行ないをすべきなのか」に応じて、「どれだけすべきなのか」の〝出来ばえ〟が、適度な数値で明確になればいいのです。

要するに、おカネの単位でない『数値目標』も立派な目標であり、「何をどれだけやるべきか」という目標を、さまざまな単位の数値で表現することができるようになればよいのです。

ですから、よく営業マンや販売スタッフは、「チームの売上目標○○○○万円を達成するために、わたしは売上を○○○万円達成します」と目標を掲げます。

もちろん、間違いではありません。

ですが、たんに売上や利益の数値を目標にするよりも、もう1段階、目標を掘り下げて、「売上○○○万円を達成するために、新規顧客を△△人増やします」というように、人数を目標にした方が、より具体的にやるべきことが見えるようになります。

このようにおカネの数値目標が一番いいというわけでもないのです。

ましてや、個人の人生目標となれば、円という単位だけでは成り立ちません。

趣味を通じてできるようになるべきことの「件数」や「個数」や「枚数」や「人数」な

ど、行ないとしての内容に応じて、さまざまな単位が挙げられるのです。

そのほか、出来ばえを明確にする目標設定の表現の仕方には、数字目標として表現する以外にあと2つあります。


ひとつ目は、**状態目標**です。

たとえば、「マニュアルを作成する」という業務に対して、目標を設定しようとする場合、「マニュアルを作成し、タタキ台が完成して上長にチェックしてもらえる状態」あるいは「上長のチェックを終え、全メンバーに配布できている状態」など、誰が見ても同じ情景がイメージできる言葉で表現することができれば目標として成立します。

また、「全メンバーに配布し、その動きを○○人以上ができるようになっている状態」など、数字も含めた状態としての出来ばえ表記でもかまいません。

ポイントとして、評価する側とされる側といった複数のメンバーが、その目標達成時の情景イメージが同じになる表現をすることが大切です。

たとえば、「コミュニケーション能力の向上ができている状態」「○○の実力がついている状態」など、測定できない言葉で目標を設定すると、本人は目標を達成したつもりでいても、評価する人によって見解が違ってきます。

そうならないために、具体的に「何がどこまでの状態か」が、誰が見ても同じ測定ができる表現で出来ばえを明確にすることが重要です。

また、仕事における状態目標であれば、「○○ができている状態」という表現ができていたとしても、お客様やまわりのメンバーのお役に立ち、何らかの成果に結びつかなければ意味がありません。

状態目標として、目的に則（そく）した出来ばえを「～な状態」と表現することによって、その目標達成時の情景のイメージが、上長とその他のメンバーが同じであり、測定ができればよいのです。


もうひとつは、**スケジュール目標**です。

たとえば、新商品を開発し、発売しようとする場合、「来期の売上○○○○万円を達成するために、新商品を開発して……」と「……」に入れるべき〝出来ばえ〟の表現の仕方について、「発売初日に○○○個の販売を達成する」といった数値目標もあれば、「新商品が全店舗すべてに行き渡り、店舗在庫が○○品目以上揃っている状態にする」といった状態目標もあります。

しかし、発売そのものが遅れてしまっては、広告を出していたり、店舗で告知をしているでしょうから、その商品の発売を期待されているお客様に多大な迷惑をかけることとなります。

たとえ、販売個数が少なくとも、商品在庫が充分揃っていなかったとしても、「○月○日にオープンさせる」といったスケジュールを最重要視した「スケジュール目標」を掲げることが適切である場合があります。

また、「伝票の入力が1枚あたり5分から4分でできるようになる」といった仕事時間を短縮させるなどの目標も立派な目標といえます。

このように〝出来ばえ〟を、「数値目標」としての〝量〟や、「状態目標」としての〝質〟や、「スケジュール目標」としての〝スピード〟のいずれかで測定できる表現として目に見える形にすることができれば、目標として成立するのです。

実際に手・口・足が動くことが大事

さて、目標をきちんと設定することができれば、いよいよその目標達成のために行動するわけですが、**自創(じそう)でいうところの「行動」とは、実際に手と口と足が動く状態**のことです。手を動かす、口を動かす、足を動かすことによって、何らかのはたらきかけをするという意味なのです。

よって、「見る」や「聞く」や「考える」などは、動作という捉え方をし、行動とは区別して考えますので、「得るべき成果」「出すべき結果」から、「とるべき行動」を目に見える形にするランクUPノートでは、計画を立てる段階で「見て」「聞いて」「考えて」、手・口・足をどのように動かすのかを具体的に表現する必要があります。

より多くの成果や、より良い結果を出すための、とるべき行動を目に見える形にしておくことが大切なのです。

よくビジネスマンの日常の会話において、実際に手も口も足も動かない言葉でやり取りしているのを見かけます。

たとえば、「○○を管理する」「○○を推進する」「○○を浸透させる」など、手も口も足も動かない言葉を自創(じそう)では**『アバウト言葉』**と呼んでいます。典型的なアバウト言葉は、**第８表**にあるような言葉です。

ここで、アバウト言葉を一つ一つ見てください。

言葉としての響きは、とても立派で、仕事ができそうな感じがしますが、どれも抽象的で具体的ではありません。

要するに、なぜアバウト言葉を目標設定に使ってはいけないかというと、仕事をする上で、このようなアバウト言葉を使うと、手・口・足が動く行動につながらず、より多くの成果や、より良い結果が出せない確率が非常に高くなるからです。

ですから、得るべき成果や出すべき結果を出すためのとるべき行動については、アバウト言葉で表現することをやめ、「手を動かして何をするのか？」「口を動かして何をするのか？」「足を動かして何をするのか？」、具体的に手・口・足が動く言葉で表現する必要があるのです。

第8表　アバウト言葉

下記の言葉は、スローガンとしてはかっこ良くて頼もしいのですが、目標としてはアバウト言葉でふさわしくありません。「何のため？」と目的(ねらい)を考えて、何を・どこまで・どのようにするのかを具体的に(ブレークダウンして)掘り下げて明示するようにして下さい。

目標設定・アバウト言葉の事例		
明確化する	調整する	ワンランクアップする
向上する	検討する	出来る限りする
努力する	人材育成をする	改善する
努める	部下指導をする	拡大を図る
意識する	監督する	浸透する
質を高める	管理する	把握する
全力投球する	運営する	定着化する
強力に実施する	徹底する	スムーズにする
推進する	支援する	評価する
目指す	進捗管理する	関係を深める
深める	強化する	協力体勢をはかる
企画する	円滑化する	環境づくりをする
レベルアップする	迅速化する	図る
的確なアドバイスをする	遂行する	共有化する
助言する	効率化する	吸収する

手書きの方が脳にインプットされやすい

最近とくに多い質問で、「ランクＵＰノートをＩＴ化して、パソコンで打ってもいいですか？」と聞かれます。

それに対して、わたしは即座に「手で書いてください」とお願いしています。

というのは、〝打つ〟と〝書く〟は、手を動かすという意味においてはどちらも同じ行動ですが、しかしランクＵＰノートは手を動かして書くことが目的ではありません。

ランクＵＰノートは、手を動かして書くにとどまらず、明日以降やるべきことを「考える」あるいは「イメージする」、そして着実に行動することのほうが大事なのです。

ランクＵＰノートでは、〝得るべき成果〟〝出すべき結果〟と〝とるべき行動〟を目に見える形にし、出た結果をチェックし改善して「次なる手立て」を考え、それを『文字』で表します。

そもそも、文字は、象形文字として、もともと図や絵などの〝形〟が発展し、文字になっています。

文字を〝書く〟という手を動かす行動は、さまざまな図や絵などの〝形〟を書くことに通じており、脳に形をイメージしやすいという効果があります。また、潜在的に脳の中でビジュアル化されているという説もあります。

一方、〝打つ〟という手を動かす行動は、どのキーを打ってもまったく同じ動作となり、脳に形をイメージしにくいのです。

ですから、ランクUPノートは手で書いたほうが断然、効果が高いのです。

そもそも仕事とは、成果としての数字をつくるために、数字につながるお客様やまわりの人のお役に立っている〝状態〟をつくるのです。それが〝出すべき結果〟です。

しかもそれは、今までとは違った〝より良い状態〟のはずです。

「お役に立っている状態とはどのような状態なのか？」と、お客様やまわりの人により喜んで頂いている状態を〝形〟として、具体的に立体でカラーの動画でイメージすることによって、自らのはたらきかけ方、すなわち〝とるべき行動〟を考えることができるのです。

そのためには、文字を「打つ」よりも「書く」ほうが脳の構造上イメージしやすく、その〝形〟がイメージとして記憶に残るのです。

自らの出すべき結果やとるべき行動を形としてイメージすることによって、「その結果を出したい！」と、自らやる気を引き出すことが可能になります。

こうして、**ワクワクできる心の状態を自ら創る**ことによって実際の行動につなげるためにも、ランクUPノートに手で「書く」ことが重要なのです。

さまざまな会社に呼ばれて、さまざまな立場の方とお会いした時に、「あなたの売上目標はいくらですか？」と聞いても、すぐに答えられる人が非常に少ないです。

多くの人が、「ちょっと待って下さい」とパソコンを開き、立ちあがるのを待ち、データを検索しています。もしくはプリントした資料を探したりしています。

今とは違うこれからのより良い状態としての〝出すべき結果〟のイメージが〝得るべき成果〟としての数字と連動しなければ意味がありません。

その自らの数値目標すら覚えていない状態では話になりません。ランクUPノートは、書くために書くのではなく、数字を覚えるために書く訳でもありません。

あくまでも、〝より良い結果を出す〟ことが【**できる化**】するために、自らの成長につながる〝やるべきこと〟を【見える化】するために、ランクUPノートに〝書く〟のです。

それによって、自らの脳にこれからの自分の姿をイメージし、実践行動することによって成果を出し、成長することができるのです。

それでもやっぱり書いたりするのは面倒だなと感じる人がいるでしょう。

実際のところ、考える時間や書く手間を想像して、「効率を考えたら、そこまでするのもどうか…」という声を聞くことがあります。

しかし、決して、目先の効率を考えるだけで終わらせてはいけません。手間をかけずにより良い結果を出すことは、残念ながら不可能です。

より多くの成果を得たり、より良い結果を出すという効果的な仕事ができるようになるという成長が大切なのです。ですので、自創では効率は重視しません。

年間目標必達という〝出すべき結果〟を出し、成果を出し続けるには、そしてなにより、自ら成長するという責任を果たすために、むしろ時間と手間はかけるべきなのです。

人生、急がば回れ。時間と手間をかけてランクUPノートを書き続け、実践し続けることが、自らの成長につながり、自らの夢を実現する最短の道なのです。

成長対話があなたの成長をバックアップする

ところで、会社全体で自創に取り組む場合は、チャレンジシートに年間目標を記入するとき、そしてランクUPノートに月間目標を記入するときに、上長と話し合いをすることになっています。

さらに週間目標を決め、日々の動きについても上長と話し合い、チャレンジシートの中間結果の評価をするときも話し合い、期末の評価をするときも話し合うというように、重要なポイントのところでは必ず上司と部下で対話をする仕組みになっています。

自創（じそう）では、この対話を「**成長対話**」と呼んでいますが、この成長対話をとても重要視しています。

したがって、個人で自創に取り組む場合は、仕組みとしての成長対話はないので、だれかあなたの仕事をよく理解している人と成長対話をする必要があります。

とくに、あなたが「仕事ができる人の5段階」のうちの最初の1段階目にいる場合は、

信頼できる上司や先輩に、

■仕事の目的「何のためにやるのか＝得るべき成果」
■意　味「何を、どこまでやるのか＝出すべき結果（※高い目標）」
■やり方「いつまでに、どのようにしてやるのか＝とるべき行動（※新しいこと）」

の3つを順序立てて教えてもらう必要があります。

というのは、自ら成長するといっても、赤ちゃんが自分一人の力で成長できないように、仕事についても、最初は仕事の「目的」と「意味」そして「やり方」を教えてもらう必要があるのです。

それは、第5表の「仕事ができる人の5段階」のうちの第2段階、第3段階にいる人でも同じです。高い目標と新しいことに挑戦をするわけですから、行動して良くない結果が出るのは当たり前、そのときに上司や先輩からの、どうすればうまくいくかのアドバイスはとても重要なのです。

また、ふつうの人であれば、うまくいかないときに、精神的に落ち込んだり、自信を失ったりするものです。そういうときに、成長対話を通じて、勇気づけてもらったり、背中を押してもらったりすることは、諦(あきら)めずに前に進むために必要なことです。

そういう精神面を支えるという意味でも、成長対話が大きな役割を果たすのです。

ですから、個人が自創に取り組む場合でも、成長対話は欠かせないのです。自分にはそういう人がいないと思い込まずに、まずは探してみてください。まわりを見渡せば必ずだれかいるはずです。

かりにすぐに見つからないとしても、あなたが本気で仕事に取り組み、成長しようと行動し始めれば、必ずあなたを導いてくれる人が表れることでしょう。

そもそも人間は人間によってのみ磨かれるのです。ダイヤモンドはダイヤモンドによってのみ磨かれるのと同じです。自創では、新入社員以外の全員が成長対話というコミュニケーションを通じて部下を教え育(はぐく)み、それによって、自分も成長するという仕組みになっているのです。

ステキな大人になろう

そのほか、ランクUPノートには人格能力を向上させる仕組みもあります。

「えーっ、人生の夢が叶ったり、仕事ができるようになったりする以外に、そんなことまでできるの？」と驚く人も多いことでしょう。だから、魔法のノートなのです。

すでにお話ししたとおり、人生の夢を実現したり、仕事ができる人の最終段階に到達するには、人格能力の向上なくしては実現不可能です。

人生の夢であれ、仕事であれ、目標を達成するには、多くの人とコミュニケーションをとり、認められ、必要とされ、喜ばれるという良い関係を築ける自分を創り、いざという時に協力してもらわなければならないからです。

仕事がそこそこできても人格能力が低い人は、ある程度まで成長することはできますが、その人格能力の低さゆえに途中で成長が止まってしまいます。

仕事でいえば、職場、お客様、取引先。プライベートでいえば、両親、兄弟、結婚している場合は家庭において、良い人間関係を築けるかどうか、非常に大事なことです。

たとえ百歩譲って、自分だけの力で夢を実現できたとしても、自分を取り巻く人たちと良い人間関係を築けていない状態だったとするならば、誰も喜びを分かち合う人がおらず、とても寂しく、また空しいと感じ、その人は幸福だとはいえないでしょう。

自創は、会社の業績を上げる仕組みではなく、あくまでもあなた自身が自ら成長し、夢を叶えて幸福になる仕組みなのです。

ですから、幸福になるためにはまわりの人たちとの良い人間関係は大切で、そのために職務能力だけでなく人格能力を高めていく必要があるのです。

わたしは「人格能力を高めていく」ことを、もっとわかりやすく、「ステキな大人になろう！」という表現でいつも若い人たちに話をしています。

自創には、チャレンジシートの「**ありがとう№１に育とう**」の項目、ランクＵＰノートには「**良い人間関係が築ける自分を創る習慣づくり**」の仕組みがあって、毎日少しずつ取り組むことで人格能力を高めていく仕組みは入っているのです。

ですから、真面目に自創に取り組めば、自然と仕事もできてステキな大人になることができるのです。なお人格能力を高める方法は、第8章でお話しします。

ありのままの自分でいい

ところで、チャレンジシートとランクUPノートの書き方を説明する前に言っておきたいことがあります。

プライベートであれ、仕事であれ、自分の夢を実現させるためには、まず「**自ら成長する」という意識（心構え）を強く持つ**必要があります。

そして厳しいことを言うようですが、今あなたが従事している仕事でまったく成長することができないと思い込んでいるなら、他の会社や違う仕事に従事しても、正直いって、うまくいかない可能性が高いといえます。

どんな会社でも、どんな仕事でも、あなたが成長するきっかけは必ずあります。簡単ですぐにできる仕事なら、だれにでもでき、あなたの存在価値は高まりません。

ですから、いま従事している仕事で、まずは成長することです。「どこで何をすべきか」を考えるよりも、「ここで何がどこまでできるようになるべきか」を真剣に考えることが大切なのです。

しかし最初はできなくて大丈夫、あなたの近くにいる、仕事をバリバリこなしている先輩たちも最初から仕事ができたわけではないのです。

自ら成長するために、「高い目標」と「新しいこと」に挑戦するわけですから、良くない結果を出すことも多々あることでしょう。

問題は、現実の良くない結果を〝悪いこと〟として捉えてしまうと、「わたしのせい」「わたしの責任だ」などという捉え方をする人が出てくることです。

「人のせい」や「まわりのせい」にするよりはよっぽどマシなのですが、「自分のせい…」という認識をしてしまうと、自分を責める可能性が出てきます。

しかし自分を責める必要は一切ありません。

自分を責めてしまうと、「わたしには才能がない」「欠点がなかなか直らない」「わたしの価値観が間違っているのだろうか？」「わたしの容姿が悪いから」などと、容易には変えられないものや、変える必要のないものを変えなければいけないのでは？　と思ってしまい、「自分は変われない」↓「もういいや」と諦めてしまう可能性があります。

これらはまったく変える必要はありません。

そのまんまの〝ありのままの自分〟でよいのです。

ありのままの自分が、**これからとる行動の一部のみを変えればよいのです。**

やみくもに行動を変えるのではなく、改めるべき行動をじっくりと探り出した上で、その行動のみを改めるだけでよいのです。

日々の反省として、改めるべき行動を考え、具体的に改めて「次からこうしよう！」と、自ら出した今の結果から、ランクUPノートでこれからの〝次なる手立て〟を目に見える形にすることができればよいのです。

ですからいくつになっても、驕ることなく常に謙虚さを忘れずに、さらなる自分の成長のために、ありのままの自分を認め、自らの無限の可能性を信じ、勇気をもって前へ歩み続けていきましょう！

第5章　チャレンジシートを書いてみよう

チャレンジシートとは

いよいよチャレンジシートを書いてみましょう。

書き方を順番に説明していきます。まず、第９表のチャレンジシートの図を見てください。実際にこのシートに記入する際は、第９表を本書から切り取って、１５０％拡大コピーで複写をとっていただくといいでしょう。

このチャレンジシートは、会社で自創（じそう）に取り組む場合に使っていただいているものです。本書では、このチャレンジシートをもとに書き方を説明します。したがって、個人で取り組む場合は不要な部分があるかと思いますが、ご了承ください。

ちなみに、シートの題名の「人材育成のための目標管理チャレンジシート」という言葉には深い意味があります。

それは何かというと、このチャレンジシートはたんなる目標管理シートではなく、あくまでも本人が自ら成長するためのものであることを表しています。

つまり、「このチャレンジシートは、あなた自身があなた自身で成長するために目標を掲げ、あなた自身が挑戦するシートです。そして、この目標をあなた自身で管理し、責任を果たす過程で成長してください」という大前提があるシートなのです。

その大前提があったうえで、成果を出し、夢を実現させる人財として成長するために、挑戦すべき高い目標を書くシートです。

ですから、チャレンジシートの作成に上長や先輩のアドバイスに耳を傾ける必要はありますが、あくまでも主体は自分にあることを忘れないでください。

とにかく1年間という時間をかけて自ら挑戦し、成長するための年間目標を設定するのですから、高い目標であることが大前提です。

「今のままの状態では無理！」と思える高さが丁度よいのです。もし、今のままの状態でできる年間目標であれば、明らかに低い年間目標です。

低い目標は成長のきっかけになりません。1年間かけて、「どうすれば結果を出すことができるのだろう？」と考えて、行動することが大切です。

そして、その行動から出た結果を反省し、自らの改めるべき行動を改めることによって

第9表　チャレンジシート

第　期 人材育成のための目標管理チャレンジシート

(　　　年　月　日～　　　年　月　日)

所属＿＿＿＿＿＿　職種＿＿＿＿＿＿　等級資格＿＿級　氏名＿＿＿＿＿＿㊞　所属長＿＿＿＿＿＿㊞

わたしの立場は勤続(　　)年　　役職は(　　　　　　)　　主任務は(　　　　　　　　　　)です。

	1.わたし自身の今期の目標(やるべきこと)を記入(『得るべき成果』『出すべき結果』) ※「目的」「内容」「出来ばえ」を明確に	2.左記目標を達成するために特にやるべき〈重点項目〉を記入(『出すべき結果』『とるべき行動』) ※いつまでに、何を、どのようにして、どこまで(いくらで)	3.左記重点項目をやり遂げるための〈取り組み事項〉を記入(『出すべき結果』『とるべき行動』) ※いつまでに、何を、どのようにして、どこまで(いくらで)	達成期限	評価ポイント・基準ライン(本人記入、所属長C/K)	評価ウエイト
A 目標(業績・成果につながる重点業務)	a.自己の成長と組織の目標達成のために特にわたしがやるべきこと。	a-①	a-①-ア イ ウ			
		a-②	a-②-ア イ ウ			
		a-③	a-③-ア イ ウ			
		ランクUPノートの活用(　　)				
B 目標(職務拡大人材育成)	b.自己の職務拡大や人材育成として特にわたしがやるべきこと。	b-①	b-①-ア イ ウ			
		b-②	b-②-ア イ ウ			
		b-③	b-③-ア イ ウ			
		勉強すること、資格挑戦(　　)				
C 目標(能力向上)	c.職務遂行能力や課題解決能力、仕事への取り組み姿勢の向上等の中で、あなたの現行、実力、立場、役割から考えて必要と思われるものを所属長の意見を聞き、右記へ重点項目(3つ)を書き入れて下さい。	c-①	c-①-ア イ ウ			
		c-②	c-②-ア イ ウ			
		c-③	c-③-ア イ ウ			
		PMB提出目標(　　件)				
		PPB提出目標(　　件)				

ありがとうNo.1に育とう私のテーマ(3つ)	1.(メイン)	2.(サブ)	3.(サブ)	社長	役員	部長	上長	所属長	

第10表　チャレンジシート記入の順序

①

（　　年　月　日～　　年　月　日）

所属＿＿＿＿　職種＿＿＿＿　等級資格＿＿級　氏名＿＿＿＿㊞　所属長＿＿＿＿㊞

わたしの立場は勤続（　　）年　　役職は（　　　　）　　主任務は（　　　　　　）です。

	1.わたし自身の今期の目標(やるべきこと)を記入（『得るべき成果』『出すべき結果』）※「目的」「内容」「出来ばえ」を明確に	2.左記目標を達成するために特にやるべき〈重点項目〉を記入(『出すべき結果』『とるべき行動』)※いつまでに、何を、どのようにして、どこまで（いくらで）	3.左記重点項目をやり遂げるための〈取り組み事項〉を記入（『出すべき結果』『とるべき行動』）※いつまでに、何を、どのようにして、どこまで（いくらで）	達成期限	評価ポイント・基準ライン（本人記入、所属長C/K）	評価ウエイト
A 目標（業績・成果につながる重点業務）	a.自己の成長と組織の目標達成のために特にわたしがやるべきこと。 ②	a-① ④	a-①-ア イ ウ ⑤		③	
		a-②	a-②-ア イ ウ			
		a-③	a-③-ア イ ウ			
		ランクUPノートの活用（　）				
B 目標（職務拡大人材育成）	b.自己の職務拡大や人材育成として特にわたしがやるべきこと。 ⑥	b-① ⑧	b-①-ア イ ウ ⑨		⑦	
		b-②	b-②-ア イ ウ			
		b-③	b-③-ア イ ウ			
		勉強すること、資格挑戦（　）				
C 目標（能力向上）	c.職務遂行能力や課題解決能力、仕事への取り組み姿勢の向上等の中で、あなたの現行、実力、立場、役割から考えて必要と思われるものを所属長の意見を聞き、右記へ重点項目(3つ)を書き入れて下さい。	c-① ⑩	c-①-ア イ ウ ⑫		⑪	
		c-②	c-②-ア イ ウ			
		c-③	c-③-ア イ ウ			
		PMB提出目標（　件）				
		PPB提出目標（　件）				

ありがとうNo.1に育とう私のテーマ(3つ)	1.(メイン) ⑬	2.(サブ)	3.(サブ)	社長	役員	部長	上長	所属長	

「できないことができるようになる」「できることが、さらにできるようになる」という成長につながるのです。

では、チャレンジシートの書き方の説明に入っていきましょう。チャレンジシート記入の順番を図に示したのが第１０表です。

①番から書き始めて⑬番まで、すべての欄に記入できれば、チャレンジシートの完成です。さっそく①番から説明していきましょう。

①自分の立場、役割を認識しよう（第１０表①参照）

まずは会社における自分の立場を示す「所属」「職種」「等級資格」「氏名」「勤続年」「役職」を明記してください。

個人で自創（じそう）に取り組む場合は、わかる範囲で記入していただければ結構です。

そのほかに「主任務」として、今期の〝役割〟を書く欄があります。ここで、「今期の果たすべき役割」をどのように認識しているのかを表わします。

ここで注意すべきことは、よく営業職の人が主任務の欄に「営業」と書くケースが多いことです。これは、間違った書き方です。

主任務の欄は、〝出すべき結果〟として、このあと明確になる年間目標の中身となる「何をやるべきなのか」を箇条書きにするのです。

たとえば、営業職であれば、

「新規開拓をおこない、チームの売上目標を達成させ、かつ、メンバーのH君を育成すること」

「既存優良顧客A社との取引額を増やし、利益目標を達成させ、かつ、メンバーのJ君を育成すること」

など、この1年間のやるべきこととしての主な内容を明らかにします。

現時点で一番多くの時間を費やしている業務が入るとも限りません。あくまでも自らを成長させるきっかけとなるチャレンジシートですから、「新しいこと（今は未だできていないこと）」を主任務に書くべきともいえます。

「どこまでやるのか」という出来ばえや、「何のためにやるのか」という目的は、このあとの目標を設定する時に具体的に書けばいいのです。

チーム内における各メンバーの役割がそれぞれ違う中で、一人一人がこの役割認識を明確にすることが重要となります。

野球のチームでも、ピッチャーとキャッチャーとファーストでは、練習の仕方や試合でのプレイのやり方など、やるべきことの「内容」が違います。また、同じピッチャーでも、先発ピッチャーとリリーフピッチャーでは、能力の発揮の仕方など、やるべきことの「内容」が違います。

同様に、同じ営業職や技術職でも、顧客や取り扱う品目、期待する成長度合いなど、一人一人の立場に応じた役割は異なってきます。当たり前のことのようですが、とくに主任務を認識することにより、逆に「これだけはやらねば！」という目標も明確になってくるのです。

そのためにも、会社組織としての進むべき方向性が示されている『事業発展計画書』をじっくりと何度も読み、自分のやるべきこと（できるようになるべきこと）をマーカーで線を書くなどして、主任務に書き出すことが大切です。

②A目標を書こう（第10表②参照）

A目標（業績・成果に関わる重点業務）とは

A目標は、業績・成果に関わる重点目標です。自らの成長のため、そして所属部署の目標達成のため、今期、とくに自分がやるべきことを記入します。

A目標を設定するにあたり、それぞれの職種の一人一人の仕事の内容に応じた〝出来ばえ〟として、「数値化」「状態化」「期日化」のいずれかで表わすことによって、A目標を設定します。

営業や販売職以外の職種の人は、自分の仕事は売上や利益という成果に結びついていないと捉えがちです。

そのために前章でお話ししたとおり、「売上を直接上げる仕事ではないので、目標が立てられません」という声をよく聞きます。

まず、「売上目標や利益目標という成果の数字目標以外は目標ではない」という思い込みを捨てる必要があります。

数値化として、量で表現することが出来ればよいのですから、接客応対したときの「ありがとう」と言っていただける人数や、「お誉めの言葉」をいただいた件数も立派な目標です。

「数値化」として、円という単位以外の人数、件数、個数、枚数など、さまざまな単位で〝出来ばえ〟を表現することによって、目標を設定することができるのです。

また、「状態化」として仕事の質を〝出来ばえ〟として表現することができれば、目標設定ができます。

一例として、「書類の作成」という仕事において、「今までよりも質として良くなっていです。

る状態とはどのような状態か」を考えることによって〝出来ばえ〟が明確になればよいの

たとえば、「見積書の作成で原価計算にミスがなく、適正価格の見積書が常に作成でき

る状態」も、立派な目標といえるでしょう。

もしくは「期日化」として、「伝票の入力を15分かかっていたのを10分で完了する

ことができる」とスピードを速める結果を出すことも、最終的に残業が減り、経費の節減

につながれば、利益の増額につながり、立派な目標となります。

1年間仕事をして、「より良い結果」や「より多くの成果」につながる成長をしなければ、

存在価値は高まりません。業績（出すべき結果）、成果（得るべき成果）に関わる仕事の

目標を設定しましょう。

目標を記入する際の注意事項

目標を記入する際の注意事項は、極力、数字で目標を示すということです。

どうしても数値化できないものは状態目標として、このような状態までもっていくとい

第11表　目標を数値化する

目　的	内　容	出来ばえ	なんぼで いくらで	何日で
何の ために	何を どのように	品　質 サービス 満足度 期待値	価　格 原　価 時間コスト	いつ迄に 納　期

うように、その出来ばえをはっきりさせる必要があります。

要するに、「**目的**」「**内容**」「**出来ばえ**」「**なんぼ(いくら)で**」「**何日で**」を明確にするということが重要なポイントです。

たとえば、数値化が難しいと思われる事務関係の仕事でも、時間管理や期日管理、および出来た出来なかったの度合いで考えて数値化するようにします（いつまでに完了するか、処理件数、割合％など）。

もう一つ、数値化が重要な理由は、チャレンジシートで設定した目標をランクＵＰノートの月間目標へ落とし込む時に、目標が具体的にいつまでという期限や目標の数値がないと、ブレークダウンできないからです。

だから、目標を設定する際は、第８表（９６ページ）のような、人によって解釈が違う抽象的な「アバウト言葉」は使わないように注意してください。

〈A目標の記入例〉

基本的なA目標の設定の仕方として「部（もしくは個人）の年間売上目標○○○万円を必達するために、何を、どこまで、必ずやる」と目的、内容、出来ばえを書きます。たとえば、

「チームの年間売上目標2億円に対して、個人年間売上目標5000万円を必達するために、新規顧客を4件開拓し、1000万円の売上を必ず上げる」

このように、単に「年間売上5000万円を必達する」に終わらず、そのために「新規開拓4件で1000万円」と、より的を絞った目標にすることが大切なのです。

そうすることによって、この後で考える「年間計画」の中に、昨年までと同じような取組内容の〝やらなければならぬこと〟を書くのではなく、自らの成長につながる〝新しいことに挑戦〟する内容としての〝やるべきこと〟が盛り込まれている状態にすることが重要なのです。

③Ａ目標を評価する方法を決めよう（第１０表③参照）

チャレンジシートにある項目「評価ポイント」には、目標に対して「何を評価して欲しいのか」を期初に、自ら書き、所属長と成長対話をおこない、合意を得ます。

個人で自創（じそう）に取り組む場合も、評価ポイントを明確にした方が、自問自答でき、やりがいにつながるでしょう。

会社で取り組む場合は、たとえば、「売上数字の達成度合い」「新規顧客の開拓件数」「メンバーの成長度合い」など、〝得るべき成果〟や〝出すべき結果〟の何を評価して欲しいのかを、期初に各メンバーが設定する仕組みになっています。

そして次に、「基準ライン」を自ら設定します。

基準ラインとは、「どこまでできたらどのような評価になるのか」という〝幅〟を表します。この基準ラインを、チャレンジシートを作成したメンバーと所属長が期初に成長対話をおこなったうえで、決めておくことが重要なのです。

基本的に、人が人を「公平に」「平等に」「正しく」評価することはできません。しかしそれでも適正な処遇をするためには、評価はしなければいけません。よって、自創ではお**互いに納得できる評価をおこなう**ために、このような評価の仕組みにしているのです。

基本的には、「どこまでの結果を出したら、どのような評価になるのか？」を、５段階評価として、S、A、B、C、Dで設定します。

さらに自創経営では、この評価を給料、賞与などの「報酬」、「昇格」「昇進」に結びつける仕組みもありますが、個人で取り組む読者も多いので、詳しい評価の仕組みの説明は省くことにします。

④⑤A目標の年間計画を立てよう（第１０表④⑤参照）

A目標に記入する重点目標を設定したら、次にA目標を必達するための年間計画づくりに入ります。

まずA目標をチャレンジシートの表の左から右へ、まず第１０表の④の所に、３項目（a―①、a―②、a―③）に掘り下げて具体的にし、それらを記入します。

さらに、それぞれを３項目（ア、イ、ウ）ずつ、合計９項目にブレークダウンして、第１０表の⑤の所に記入します。

このときも具体的に、いつまでに、何を、どのようにして、どこまでやるのか、数値計画と行動計画をしっかり書くようにします。

〈重点項目〉と〈取り組み事項〉の記入例

チャレンジシートに書いたA目標の１つ右側に３つの欄（a―①、a―②、a―③）があります。その欄に、A目標を必達するための重点項目を３つ書きます。

もちろん３つだけで、１年間のすべての計画ができるとは限りません。たくさんの計画を考える中で、優先順位の高い計画から記入します。左側にあるA目標を必達するために、「いつまでに」「何を」「どこまで」やるのかを明らかにし、同時に「どのようにして」やるのかという打つ手を年間計画として記入します。たとえば、

a―①「12月末までにセミナーを開催して、新規顧客を2件開拓する」

a―②「来年の3月末までに、既存顧客から10件以上の紹介をいただき、新規顧客を2件開拓する」

a―③「6月末までに、商品セミナーを開催し、見込客づくりから、新規顧客1件の契約を取る」

このように、「いつまでに、何を、どこまでやるのか」と〝出すべき結果〟を目に見える形にし、なおかつ「どのようにしてやるのか」と、〝とるべき行動〟を目に見える形にすることが「計画づくり」なのです。

次にa―①~③で立てたそれぞれの計画を、右側にあるア~ウの欄にさらに具体的に掘り下げて計画を立てます。ここでも同様に「いつまでに」「何を」「どのようにして」「どこまで」やるのかと、〝出すべき結果〟と〝とるべき行動〟を記入します。

たとえば、

ａ―①―ア「１２月のセミナー企画を１０月には立案し、５０組以上の集客が出来ている状態にする」

ここで、１年後の到達点としての年間目標を必達するために、「今から何をやるべきか」がイメージできたらしめたものです。

Ａ目標に関する計画づくりを終了したら、所属長と年間目標である成果につながる〝出すべき結果〟を出すことができるかをチェックする成長対話をおこないます。

成長対話を通じて、「他にあるとすれば？」と計画を事前にチェックすることによって、年間目標必達のための年間計画の精度を高めておくことが重要です。

⑥B目標を書こう（第10表⑥参照）

B目標（職務拡大、人材育成）とは

B目標とは人材に育つために重要な目標で、「職務拡大」「部下育成」として本人のランクアップに結びつくような目標をいいます。

B目標を考えるあたって、現在もしくは将来の職務の拡大、向上をするために何が必要かを考えます。現等級でできていないことや、1級上を睨んで目標を立てるようにしてください。

今すでにできる仕事をこなしているだけでは、より多くの成果を出し続けることはできません。

現在就いている職種で「今はできないが、この1年でできるようになる」仕事を増やすことによって、さらに成果につながる自分育成の目標を設定することが重要なのです。

たとえば、今まで販売できていなかった商品の販売ができるようになったり、扱えなかっ

た機械が扱えるようになったり、新規顧客の開拓ができるようになって成果を出すなど、現在の職種で、今は未だできていない仕事があるはずです。

自ら新しい仕事に挑戦することによって、今までよりも仕事の幅を広げ、より多くの成果を出すことが本来の〝はたらく〟という意味なのです。

全員が職務拡大目標を設定し、仕事の幅を広げることができれば、会社としては鬼に金棒です。売上が伸び悩んでいる理由のひとつに、この職務拡大を目標として掲(かか)げていないことを見逃してはいけません。

と同時に、自らの仕事の幅を広げ続けようとしても、1年間の就労時間は毎年同じです。去年と同じ仕事をして成果を出しながら、さらに新しい仕事をするにしても時間には限りがあります。

よって、いま自分がしている仕事を他のメンバーにできるようになってもらい、その仕事を任せられる状態にすることは、大切な仕事です。自らの成果を出し続けるための職務拡大目標を達成するためにも人材育成は重要です。

「人を育てる」という仕事は、新卒入社2年目以降（中途採用者含む）の全従業員にとって、業績を上げ続けるために絶対不可欠な仕事なのです。

そこで、部下育成及び後輩の育成についての目標も、だれ（○○君）をどのレベルまで指導するかをはっきりさせて、B目標に記入します。

自創経営（じそう）では部下の有無に関わらず、全員が自らのナンバー2をつくることをねらいとしています。部下に自分の仕事をわけ与えた分だけ自分の仕事量は減るわけですから、その余力を職務拡大、レベルアップにつなげていくのです。

〈B目標の記入例〉

B目標である「職務拡大・人材育成」目標の設定について留意すべきは、A目標を必達するための計画づくりにそのヒントが存在しています。

高い目標であるA目標を必達しようと思えば、a—①以降の計画の中に、必ず〝新しいこと〟への挑戦項目が入っているはずです。その挑戦項目がずばり、B目標としての職務拡大目標となります。

もし、その項目がないとすれば、a—①以降の年間計画の見直しをしてください。今は未だできていないまでも、これからできるようになる必要があることが漏れている可能性があります。また、今までと同じように、すでにできていることで達成できてしまうようならば、A目標が低い可能性があり、それを見直す必要があります。

あくまでも、人財育成を主たる目的とした、自らを成長させるチャレンジシートです。そのために、A目標が高い目標となっているのが大前提であり、その目標を必達するためのB目標の職務拡大目標が大切なのです。

その設定の仕方として、A目標と同様に、「何のために、何を、どこまで必ずやる」を明確にします。たとえば、

「セミナー1開催あたり新規顧客開拓を2件必ずやるために、セミナーの集客が50人以上でき、かつ、見込顧客が5組以上つくれるように必ずなる」

と、「目的」「内容」「出来ばえ」を必ず書くことが大切です。

同時に、B目標では人材育成目標を掲げる必要があります。この1年以内にだれかを〝成

果を出すことができる〟人に育て、来期に向けて、より多くの成果が出せる準備をしておくことが重要となります。

⑦B目標を評価する方法を決めよう（第１０表⑦参照）

「③A目標を評価する方法を決めよう」のところで説明した書き方と同じです。

⑧⑨B目標の年間計画を立てよう（第１０表⑧⑨参照）

A目標を2段階でブレークダウンしたときと同じように、B目標が決まったら、その目標をチャレンジシートの表の左から右へ、まず第１０表の⑧の所に、３項目（b—①、b—②、b—③）に掘り下げて具体的にし、それらを記入します。

そしてさらに、それぞれを3項目（ア、イ、ウ）ずつ、合計9項目にブレークダウンして、第10表の⑨の所に記入します。

このときも具体的に、いつまでに、何を、どのようにして、どこまでやるのか、数値計画と行動計画をしっかり書くようにします。

⑩C目標を書こう（第10表⑩参照）

C目標（能力向上）とは

昨年よりも高いA目標やB目標を必達するためには、自らの能力を向上させる必要があります。

C目標とは、「今はできていない行動」、もしくは「今まで以上にできるようになる行動」がとれるようになっている状態として、自らの能力が向上しているといえる目標のことです。

1年間で高める能力が1つだけでは少ないので、C目標(能力向上)として3つ掲(かか)げます。

[1] 職務遂行能力向上のための目標

〝より正確に〟といった仕事の質を高めたり、〝より早く〟といった仕事のスピードを速めたり、〝より多く〟といった仕事の量を増やしたりと、仕事の質、スピード、量を高めることによって、より多くの成果に結びつく能力を目標として掲げます。

[2] 課題解決能力向上のための目標

お客様や会社を〝より良い状態〟とするために、現状とのギャップから課題を見つけ出し、その課題が解決している状態を目標として掲げます。

[3] 仕事への取り組む姿勢向上のための目標

まずいクセを直し、仕事に取り組む姿勢を正すことを目標として掲げます。

この3つのテーマに沿って、1つずつC目標を掲げてもいいですし、どれか1つのテーマに絞って、3つのC目標を掲げてもかまいません。

それぞれの職種や立場に応じた役割として、A目標やB目標を必達するために、C目標を掲げることが大切です。またC目標には、人間成長という深い意味があることを理解した上で、目標を設定することが重要です。

〈C目標の記入例〉

C目標の能力向上目標では、3つの目標を掲げます。

昨年よりも高いA目標を必達するための年間計画や、B目標を必達するための年間計画にC目標となりうる項目が存在します。

たとえば、先ほどのB目標からC目標を導き出し、

「セミナー1開催で50人以上の集客の段取りが1人で出来るようになる」

もしくは、

「セミナーで見込顧客を5組つくるために、自ら講師を務め、○○商品のメリットの打ち出し方を説明できるようになる」

という表現で設定することができます。
あくまでも、C目標はA目標やB目標の必達につながることが大切です。

⑪C目標を評価する方法を決めよう（第10表⑪参照）

「③A目標を評価する方法を決めよう」の書き方と同じです。

⑫C目標の年間計画を立てよう（第10表⑫参照）

C目標が設定できたら、A、B目標を2段階でブレークダウンしたときと同じように、右側にそれぞれ落とし込んでいきます。

第12表　３つのチャレンジ目標

年間目標をＡ・Ｂ・Ｃの３つの分野別に考えて掘り下げます。

Ａ目標：業績・成果に関わる重点業務
Ｂ目標：職務拡大、人材育成
Ｃ目標：能力向上

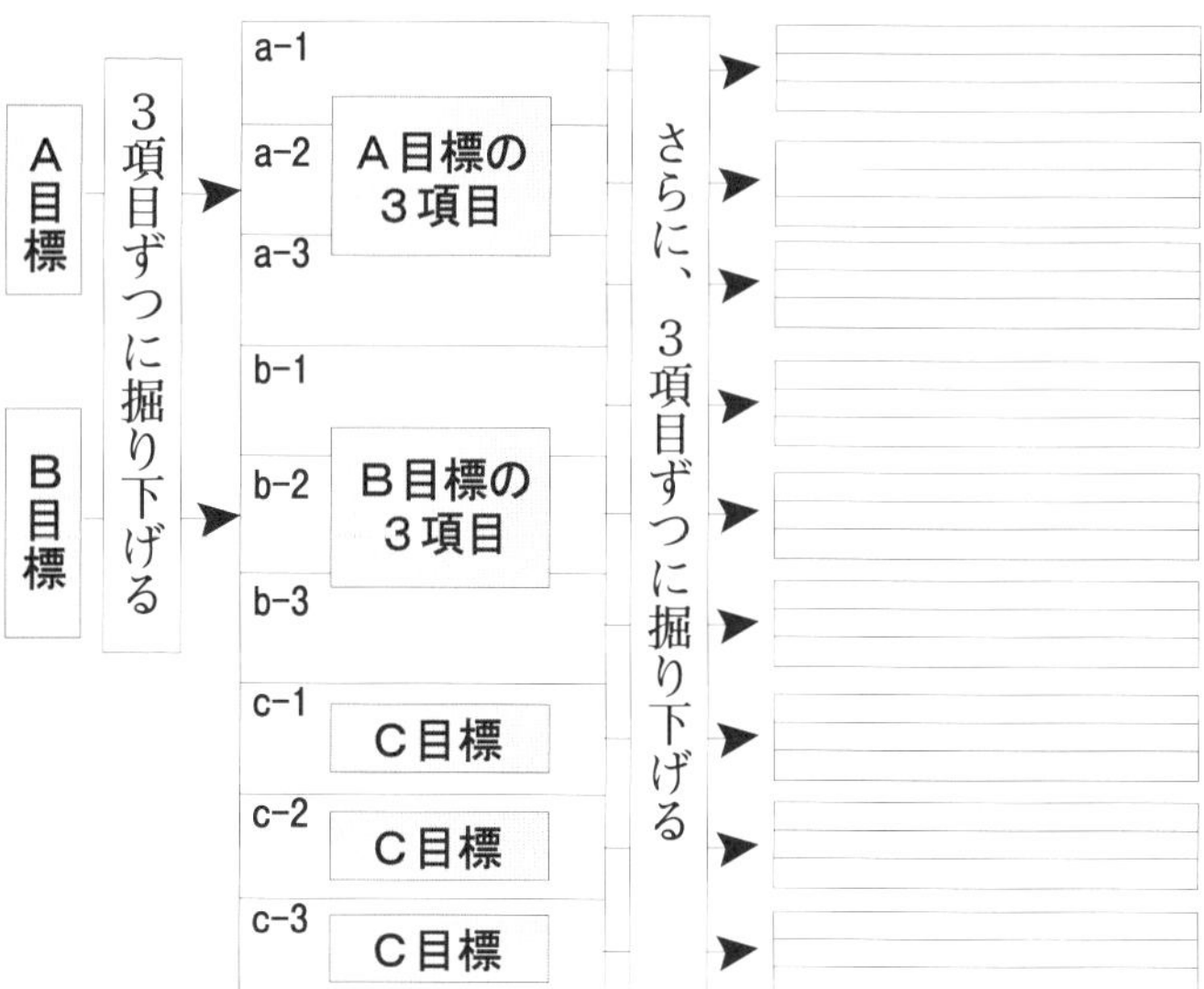

第10表の⑫の所に、3項目（ア、イ、ウ）に掘り下げて具体的にし、それらを記入します。

以上で、3つの目標の設定が完成し、その目標を必達するために、それぞれの目標を2段階で掘り下げた年間計画ができあがりました。

チャレンジシートの大きな特徴として、年間目標をA目標、B目標、C目標という3つの分野別に記入するようになっています。3つの目標とそれぞれの目標のブレークダウンの流れを図で表わしたものが、第12表です。

⑬ありがとうNo.1に育とう（第10表⑬参照）

チャレンジシートには、年間目標の設定と年間計画づくりのほかに、人格能力を向上させる仕組みがあります。

「ありがとうNo.１に育とう」という項目がチャレンジシートの一番下の欄にあります（第１０表⑬）。

この仕組みは、評価対象にはしませんが、人格能力を向上させるために、３つの目標をチャレンジシートに書いて、それをランクＵＰノートを使って習慣づくりをします。

やり方としては、何でもいいから、プラスで、積極的で、明るいことで、成果を出し続けることで、しかもまわりが喜んでくれること。そしてなにより自分自身が育つことで「１番になろう！」、そのために習慣づくりに取り組もうというものです。

第１３表を参考にして、メインの目標１つとそれとつながりのあるサブの目標２つを、「○○○No.１」という表現で３つ書きます。

たとえば、メインを、

「出社No.１」

とし、そのためにサブ２つを、

第13表“ナンバーワンでありがとう”

なんでもいいからナンバーワンになってみよう

挨拶一番　親切一番　信用一番　出勤一番　忍耐一番
根気一番　素直一番　責任感一番　叱られ上手一番　掃除一番
整理整頓一番　資格取得一番　時短一番　一日教養一番
ランクＵＰ一番　同期一番　チャレンジ一番　目標達成一番
ランクＵＰノート活用一番　ワード一番　正確さ一番
習慣づくり一番　セルフマネジメント一番　やる気一番
人の動かし方一番　他力活用一番　債権管理一番　笑顔一番
明るさ一番　気働き一番　感動一番　感激一番　感謝一番
元気一番　判断力一番　プラス発想一番　前向き一番
直感一番　ＰＭＢ提出一番　報連相一番　健康一番
お茶入れ一番　エクセル一番　ヘッドシップ一番　ＯＪＴ一番
受付一番　協力業者活用一番　前向姿勢一番　商品知識一番
人材育成一番　経費節減一番　収益一番　クレーム処理一番
努力一番　段取り一番　叱り上手一番　新規開拓一番
売上一番　回収率一番　ＤＭ一番　厳しさ一番　訪問件数一番
アイデア一番　営業トーク一番　キーマン獲得一番
情報入手一番　体力一番　販売高一番　部下への助言一番
行動力一番　身だしなみ一番　マナー一番　時間厳守一番
ムードメーカー一番　計数一番　信頼一番　指導統率力一番
企画力一番

まだまだ一番いっぱいある。なんでもいいから、プラスで、積極的で、明るいことで、業績を上げ続ける事で、まわりが喜んでくれる事で、そしてなにより自分自身が育つことで、一番になってみよう。
そのためには「回路づくり」、「習慣づくり」に取り組んでみよう。

人は人によって動かされない。人は人によって使われない。
人は人によって変わらない。
人は本人がやろうという意志と実行でのみ変化が始まる。
やってみよう、みんなと一緒に。やってみよう、自分のために。

でもナンバーワンになった時、
「ここ迄私をもりたててくれて、みなさんありがとう。」という
気持を忘れないようにね。

徹しなければ成就しない。
徹しなければ一流になれない。
徹しなければ達人になれない。

参考文献：『ありがとう』清水英雄著

「早起きNo.1」
「通勤スピードNo.1」

と掲(かか)げれば、メインとつながるでしょう。

何でもいいから、自他ともに認めるNo.1に成長することができれば、大きな自信につながります。

人間には習慣性があり、つい昨日までと同じ行動をとろうとします。この「○○○No.1」になると決めて、「そうなるためには、どのような行動を習慣として身につけるべきか」と、ステキな大人として成長する〝きっかけ〟をつくるのです。

そして、だれかのお陰で今の自分があるのだと感じ、感謝の気持ちを素直に表すことができるきっかけをつくるためにも、「ありがとうNo.1に育とう」をぜひ活用し、1年間の継続的な取り組みをすることによって、行動を変え、成長につなげましょう。

以上が、自ら成長するためのチャレンジシートの書き方です。完成させたチャレンジシートの記入例が第14表です。

当然のことながら、年間目標を設定したからといって成長しません。大事なことは年間目標を設定した後、ランクUPノートを使って、月間目標、週間目標、そして日々の計画へと落とし込み、今日やることを年間の目標必達へとつなげていきましょう。

第14表　チャレンジシート（記入例）

第　期　人材育成のための目標管理チャレンジシート

（平成25年7月1日～平成26年6月30日）

所属 営業部　職種 セミナー企画　等級資格 ＿＿級　氏名 山田一郎 ㊞　所属長 ㊞

わたしの立場は勤続（3）年　役職は（　　）　主任務は（セミナーを企画して新規開拓をおこない、チームの売上目標を達成させ、メンバーのH君を育成すること）です。

	1．わたし自身の今期の目標（やるべきこと）を記入（『得るべき成果』『出すべき結果』）※「目的」「内容」「出来ばえ」を明確に	2．左記目標を達成するために特にやるべき〈重点項目〉を記入（『出すべき結果』『とるべき行動』）※いつまでに、何を、どのようにして、どこまで（いくらで）	3．左記重点項目をやり遂げるための〈取り組み事項〉を記入（『出すべき結果』『とるべき行動』）※いつまでに、何を、どのようにして、どこまで（いくらで）	達成期限	評価ポイント・基準ライン（本人記入、所属長C/K）	評価ウエイト
A 目標（業績・成果につながる重点業務）	a．自己の成長と組織の目標達成のために特にわたしがやるべきこと。 個人年間売上目標5000万円を必達するために、新規顧客を4件開拓し、1000万円の売上を上げる。	a-① 12月末までにセミナーを開催して新規顧客を2件開拓する	a-①-アセミナー企画を10月には立案し、50組以上の集客が出来ている状態にする イセミナーのDMを11月末までに1000通発送する ウ50組以上の集客をするためにセールストークを考える（11月末まで）	12月末		
		a-② 来年3月末までに既存顧客から10件以上の紹介を頂き、新規顧客を2件開拓する	a-②-アお得意先に置いてもらうパンフレットを10月末までに作成し50件の設置完了 イお客様を紹介してもらうため、お得意先に週1回は必ず訪問し名刺コピーを12月末までに100枚集める ウお客様ご紹介キャンペーンの内容を10月末までに企画し、12～2月期限つき実施	3月末		
		a-③ 6月末までに商品セミナーを開催し、見込客づくりから新規顧客1件の契約を取る	a-③-アセミナー企画を4月には立案し、50組以上の集客が出来ている状態にする イセミナーのDMを5月末までに1000通発送する ウ50組以上の集客をするためにセールストークを考え、1人で説明できる（5月末まで）	6月末		
		ランクUPノートの活用（　）				
B 目標（職務拡大・人材育成）	b．自己の職務拡大や人材育成として特にわたしがやるべきこと。 セミナー1開催あたり新規顧客開拓を2件必ずやるために、セミナーの集客が50人以上でき、かつ見込顧客が5組以上つくれるように必ずなる。	b-① 10月末までに今期開催する新しいセミナーの企画を10以上考えて、12月末までに1つ開催する	b-①-アお客様を訪問し、興味のあるテーマは何か調べ3種以上のテーマを見出す イ昨年度の集客の良かったテーマは何か調べそのポイントを5つ考える ウ他社がどんなセミナーを開催しているか調べ参加メリットのアピールの仕方を3つ以上学び、活かす	10月末		
		b-② 11月末までにDM発送先リストを10,000以上集める	b-②-ア自社のデータベースを整理し、不在データを6月末までに消去 イ名簿会社より名簿を購入し、1000件以上追加できる状態にする ウ過去のDM反応率を調べ、発送の時期のベストタイミングを9月末には確定させる	11月末		
	新入社員H君のOJTを担当し、1年後、2等級レベルまで育てる	b-③ 今期中にH君が1人でお客様訪問が出来るようにする	b-③-ア営業マニュアルを作成し同行1週間前には2項目以上理解させる イ12月末までは週3～4回一緒にお客様を訪問する ウH君に商品の説明の仕方を月2回早朝勉強会を開催し教え 〇〇群の商品はすべて1人で説明できるようにする	今期中		
		勉強すること、資格挑戦（　）				
C 目標（能力向上）	c．職務遂行能力や課題解決能力、仕事への取り組み姿勢の向上等の中で、あなたの現行、実力、立場、役割から考えて必要と思われるものを所属長の意見を聞き、右記へ重点項目（3つ）を書き入れて下さい。	c-① セミナー1開催で50人以上の集客の段取りが1人で出来るようになる	c-①-アセミナー運営マニュアルを作成しその手順に沿って会場の設営ができるようになる イ人数に応じた会場を手配できるよう会場のリストを作り確実に予約ができる ウ他社のセミナーを受講し、段取りの仕方を学び、3つ以上改善できる	12月末		
		c-② セミナーで見込顧客を5組つくるために、自ら講師を勤め〇〇商品のメリットの打ち出し方を説明できるようになる	c-②-ア商品マニュアルを作成し、6月には人前で話せるようになる イお客様に実際に使ってもらい感想を聞き、体感トークを3つ以上話せるようになる ウ他社の類似品と比較しより良いと感じた点を3つ以上話せるようになる	9月末		
		c-③ セミナー開催日2カ月前にはパンフレットを作成し、DMを発送できるようにする	c-③-アパンフレットの作り方を先輩に教えてもらい イDMを発送するリストを集め ウDM発送の段取りをマスターする	今期中		
		PMB提出目標（　件）				
		PPB提出目標（　件）				

ありがとうNo.1に育とう私のテーマ（3つ）	1.（メイン）	2.（サブ）	3.（サブ）	社長	役員	部長	上長	所属長
	出社No.1	早起きNo.1	通勤スピードNo.1					

第6章　ランクUPノートの書き方

ランクUPノートの仕組み

チャレンジシートが完成したら、いよいよランクＵＰノートの出番です。
本章で、ランクＵＰノートの書き方を、次章でその使い方を解説しましょう。

[1] チャレンジシートをランクUPノートに貼り付ける

まず一番初め、自分の年間目標を書いたチャレンジシートを自分のランクＵＰノートに貼り付けましょう。

自創経営センター発行のランクＵＰノートには、**第15表**のようなチャレンジシートを貼り付けるページがありますので、チャレンジシートを縮小コピーして、指定のページに貼り付けてください。

ランクUPノートにチャレンジシートを貼る理由は、いつでも、チャレンジシートを見ながら、PLAN（計画）が立てられるようにするためです。そのために飛び出す形で貼り付け、通常は折りたたむようになっています。

というのは、ランクUPノートは1年を通して、常に手元にあることが大前提です。チャレンジシートがランクUPノートに貼ってあれば、いつでも自分の年間目標や年間計画を確認することができます。

よく、年間目標を何らかのシートに書いたものの、机の中に入れたまま放置するケースがあります。せっかく自分の成長につながる年間目標を設定しても、次に、その目標を見るのは期末の評価のときだけというのでは、目標を達成できるはずがありません。ということは、自らを成長させることにもならないのです。

第15表

私の今期目標

チャレンジシートを縮小コピーし、
下図のように右端裏面をのりづけして下さい。

※このように貼付するとチャレンジシートから月間計画への落とし込みのときに大変便利です。

[2] 年間計画につながる月間目標を立てる

次に、ランクUPノートに貼り付けたチャレンジシートの年間計画を見ながら、毎月、月末に翌月の月間目標を書きましょう。

ランクUPノートには、月間目標と月間計画を立てる「月間ページ」が12か月分あります。そのページは**第16表**のとおり見開き2ページになっています。

そのページ左側に、『今月の重点目標』を記入する欄があります。

その『今月の重点目標』欄（**第16表／イ**）に、1か月後の〝出すべき結果〟を書き入れます。

ところで、目標設定のやり方は、年間目標であれ、月間目標であれ、同じです。

■目的：「何のために」
■内容：「何を（行ないとして）」

■出来ばえ：「どこまで」

といった3つのキーワードを活用して、「○○のために、〜〜を□□にする」と目に見える形にします。

チャレンジシートには、A目標、B目標、C目標に対するそれぞれの年間計画として、「いつまでに」「何を」「どこまで」「どのようにしてやるのか」という〝出すべき結果〟と〝取るべき行動〟が記載されています。

この年間計画の中から1か月後の到達点である『月間目標』を導き出すのです。

ここで注意しなければならないのは、目先の成果を求めてしまうあまりに、B目標（職務拡大目標・人材育成目標）と、C目標（能力向上目標）を月間目標に落とし込むことをつい疎(おろそ)かにしてしまいがちになることです。

しかし、この2種類の目標を疎(おろそ)かにしてしまっていては、職務能力や人格能力を増やしたり、伸ばしながら、〝より良い結果〟を出し続けるという成長にはつながりにくく、よ

[月間計画]　ここから週の目標に落とし込みましょう

区分 / 日・曜				習慣 1	習慣 2	習慣 3

このページは各自で工夫して活用して下さい。目標からのブレークダウンで「いつまでに 何を どのようにして　どこまで」とやるべき事を明らかにしましょう。

習慣づくり欄は、毎日就業時にその日を振り返り（出来ていた○印・出来なかった×印）でC／Kすると進めやすいです。習慣づくり（回路づくり）は前半（P.19～P.28）を参照して下さい。

第16表

（テーマ）

（月間目標）　月（これを週の目標に落とし込んで実行）

今月の重点目標	具体的な進め方	結果・反省
イ	ハ	

（留意事項）

1．（習慣づくり）	2．	3．

年間目標必達のために、「今月の出すべき結果(何を どこまで)」「どのようにして」「他の手立ては」などそのポイントを書いて下さい。

り多くの成果を出し続けることができません。

ですから、必ず、毎月の月間目標として、B目標（職務拡大目標・人材育成目標）とC目標（能力向上目標）も忘れず設定してください。

ただし、A目標必達のための年間計画から、B目標やC目標を導き出している場合があります。その場合、月間のA目標がB目標、C目標につながり、重複して月間目標を書く必要がなくなるケースもあります。

しかし、チャレンジシートのA・B・C目標に対するそれぞれの年間計画がすべて連動することは稀ですので、必ず、チャレンジシートの年間計画をすべて見ながら、1か月のやるべきことが漏れないよう、月間目標を必要な数だけ設定する必要があります。

では、具体的にチャレンジシートのA目標を月間目標に落とし込んでみましょう。説明する上で、数字が入った目標の方がわかりやすいので、ここでは、あなたが営業職であると仮定して話を進めましょう。

〈月間目標の立て方の例〉

たとえば、チャレンジシートのA目標が、

「チームの年間売上目標2億円に対して、個人年間売上目標5000万円を必達するために、新規顧客を4件開拓し1000万円の売上を必ず上げる」

で、このA目標を必達するための重点項目のa―③に、

「4月に商品セミナーを開催し、見込み客づくりから、6月末までに新規顧客1件の契約を取る」

という重点項目があった場合、4月の『月間目標』を導き出すならば、

「年間目標新規顧客4件開拓し、1000万円の売上目標を必達するために、(今月は)4月20日に商品セミナーを開催し、50人以上を集客する」

と、見込み客がつくれるだけの『集客人数の目標』が〝出すべき結果〟としての月間目標となります。（記入例→**第17表**）もしくは、

「年間目標新規顧客4件開拓し、1000万円の売上目標を必達するために、（今月は）4月20日の商品セミナーで50人以上の集客から、30日までに見込み顧客を3組つくる」（あと残り2組は、継続的なフォローをする事によって、5月に見込み顧客にしようと考えているので大丈夫！）


と、『見込み顧客人数の目標』という〝出すべき結果〟としての月間目標でもよいでしょう。

月間目標を設定するときは、自らの成長度合いに応じた、適切な「内容」と、適度な「出来ばえ」を心がけ、無茶と感じる目標を設定しないことが大切です。

これは妥協して低めに設定するという意味ではありません。

最初から、「自分には無理だ！」と諦め、〝できない理由〟ばかりを考えて、その月を過ごすことなく、「その目標に挑戦すべきだ！」と、〝できる方法〟を考えられる、適確な『月

第17表

テーマ

月間目標 4月 (これを週の目標に落とし込んで実行)

今月の重点目標	具体的な進め方	結果・反省
年間目標新規顧客4件開拓し、1000万円の売上目標を必達するために、4月20日の商品セミナーで50人以上の集客から、30日までに見込顧客を3組つくる。		

(留意事項)

1.(習慣づくり)	2.	3.

年間目標必達のために、「今月の出すべき結果(何を どこまで)」「どのようにして」「他の手立ては」などそのポイントを書いて下さい。

間目標』を設定することが重要です。

たとえば、あなたが会社に入ったばかりで、まだ営業のやり方がよくわからないときに月間目標の〝出来ばえ〟として、「新規顧客を1件開拓する」と書いたとしましょう。

意気込みはわかりますが、まったくうまくいかないで、すぐに諦めたり、悩んでしまい、〝できない理由〟を考えてしまうような月間目標では、意味がありません。

この場合、「新規顧客を1件開拓する」という〝出来ばえ〟よりも、「1人で正しく営業ができるようになり、先輩の協力を得ながら見込み顧客を2件つくることができるようになる」とした方が、適確な目標といえるでしょう。

またチャレンジシートの年間計画をよく見ていると、来月の月間目標や、再来月の月間目標が見えている場合があります。

営業職や、販売職などの場合、成果については、あらかじめ期初に年間売上計画や年間利益計画を立てているケースが多く、製造職や生産職、あるいは建築職、開発職なども、工程表などで、来月以降や数か月先までの〝出すべき結果〟が見える場合もあります。

その場合の月間目標を設定するポイントとしては、来月の月間目標を達成するための今月の月間目標、再来月の月間目標を達成するための今月の月間目標、ひいては、数か月先の月間目標を達成するための今月の月間目標を設定することになります。

つまり、来月の月間目標を達成するために、今月はその仕込み（準備）として、「何を」「どこまで」やるべきかと、月間目標を立てることになります。

ちなみに、会社で自創に取り組んでいただく場合は、月間計画づくりに入る前に、必ず所属長、もしくは自分を育てようとしてくれている人が、適確な月間目標になっているかをチェックする成長対話をおこなってから設定することになっています。

［３］月間目標を達成するための月間計画を立てる

年間目標を必達するための年間計画に基づいた月間目標を設定したら、次に、その月間目標を達成するために、月間計画を立てます。

その月間計画を、ランクＵＰノートの月間ページ右側にある『１か月間の日程欄』（第

16表／ロ）と、左にある『具体的な進め方』（第16表／ハ）に記入します。

順番としては、まず月間ページ右側にある『1か月の日程欄』から月間計画を立てます。その後に、月間ページ左側にある『具体的な進め方』の欄に、月間計画を文章にまとめ、ストーリーを〝見える化〟します。

このときのポイントは、1か月という期間で、月間目標を達成するストーリーの主人公として、「自分がどう動き、どのような結果を出すことによって、月間目標達成というゴールに辿（たど）りつくのか」を、具体的にイメージして、それをシナリオライターのように書いてみることです。これができるようになると、月間目標を達成するための〝やるべきこと〟が明確になります。

そのために、月間計画を立てるにあたり、「月間目標が達成している状態とは、どのような状態か？」「その時に、主人公であるわたしは何ができていて、どのような感情でいるのか？」というイメージを膨（ふく）らませてみてください。

1か月後の達成イメージとして、配役や背景などのシーンが、具体的にイメージできればしめたものです。

そのイメージと現実とのギャップが、この１か月間の月間計画に落とし込む課題であり、経過地点としての道筋を明確にするヒントとなります。

イメージができたら、いよいよランクＵＰノートの月間ページ右側にある『１か月の日程欄』に月間計画を書いていきましょう。

ここで一つ注意事項があります。

通常、『１か月の日程欄』を書く場合、月初から順番に月末に向けて記入しますが、このランクＵＰノートは逆で、月末から順番に月初に向けて記入するのが大きな特徴です。あくまでも、月間目標の達成というゴールに辿(たど)りつく道筋を、ゴールから遡(さかのぼ)って計画を立てるのです。

計画づくりで大切なことは、**経過地点**としての『**道筋づくり**』と、経過地点の合間を、「どのように行動して」辿(たど)りつくのかという、段取りとしての**打つ手を明らかにする**ことです。

ですからまず、『１か月の日程欄』の月末の目標達成期日に、達成すべき〝月間目標〟を記入したら、その期日から遡(さかのぼ)って、いくつかの〝経過地点〟を定めます。

〈1か月の日程欄の記入例〉

たとえば、

「年間目標新規顧客4件開拓し、1000万円の売上目標を必達するために、（今月は）4月20日に商品セミナーを開催し、50人以上の集客から、30日までには見込み顧客を3組つくる」

という4月の月間目標に対して、〝経過地点〟の設定の例を挙げると、

「商品セミナー開催2日前の4月18日には、当日のキャンセルを見越して、55名の予約が取れている状態にすればよい」

そのためには、

「4月18日には、DM到着後の参加勧誘TELを275組（5倍）に完了している状

態にすればよい」

そのためには、

「その10日前の4月8日には、2000件のDMの発送が完了している状態にすればよい」

そのためには、

「前日の7日には、DMの発送準備として、案内書一式の封入とラベル印刷が、完了している状態にすればよい」

そのためには、

「4月5日までに、封入する案内書一式2000部の印刷が完了している状態にすればよい」

と、時系列に目標達成期日から遡(さかのぼ)って、〝経過地点〟を明らかにします。

計画づくりの第１段階として、いくつかの〝経過地点〟を明らかにしている状態として、「いつまでに」「何を」「どこまで」という〝出すべき結果〟を、１か月の間の〝いつ〟の時点か、目に見える形にしておくことが重要です。

このようにして、１か月の間に、いくつかの経過地点がある状態として〝道筋づくり〟ができれば、計画の第１段階は完了です。

次に、計画づくりの２段階として、〝経過地点〟と〝経過地点〟の間を、「どのようにして」辿(たど)りつくべきかという、〝打つ手〟としての〝とるべき行動〟を明らかにします。

先ほどの例で、ランクＵＰノート月間ページ右側に、計画づくりの第１段階で〝見える化〟した〝経過地点〟と〝経過地点〟は、次のようなものがありました。それは、

「その10日前の4月8日には、2000件のDMの発送が完了している状態にすればよい」

と、

「4月18日には、DM到着後の参加勧誘TELを275組（5倍）に完了している状態にすればよい」

でした。この経過地点と経過地点の間を進むにあたって、

「DMがお客様に到着した後、15、16日の2日間で、AさんとBさんに手伝ってもらい、275件すべてにTEL出来ている状態にすればよい」

あれっ、ちょっと日数的に余裕があるなぁ。DMの発送は、もう少し、遅らせてもよい

のかな？　しかし、お客様の都合も考えれば、やはり、早めの８日には、送っておいた方が良いだろう。では、あらためて…そのためには、

「参加の案内ＴＥＬをすべき２７５件のリストを作成しておけばよい」合わせて、「案内ＴＥＬのやり方をＡさんに教えてもらい、トークマニュアルを完成させておけばよい」

これには、どれくらいの時間があればよいだろうか？　Ａさんに相談をしてみる必要があるな。

「ＡさんとＢさんの１５日と１６日のスケジュールを確保しておけばよい」合わせて、「Ａさんに案内ＴＥＬのやり方を教えてもらう日程を決めておけばよい」

これは、早い方がいいよなぁ。よし、今日の１８時に２人に聞こう。また、もし１５日と１６日の２日間で５５名の予約が取れない場合は、

「16日の夕方に、再度100件のTELリストを作成すればよい」そして、「17日と18日で、参加の案内TELをすればよい」

と、〝打つ手〟をじっくりと考え、1つずつ目に見える形にしていくことが大切です。

ここで、大切なのは、〝打つ手〟を打って、「どんな結果を出せばよいのか」と、結果を意識して書くことです。

たんに、「○○する」と書くのではなく、「○○して、こんな結果を出す」と、ここで、結果の明示をしておけば、週間目標や日々の行動計画にブレークダウンする際に、〝やるべきこと〟が見えやすくなります。

このようにして、**すべての月間目標に対して、ランクUPノートの右ページの『1か月の日程欄』を活用し、〝出すべき結果〟としての『道筋（経過地点）づくり』と、〝とるべき行動〟の『打つ手（段取り）づくり』を目に見える形にします。**

実際に、ランクUPノートに記入する場合、スペースに限りがありますので、箇条書きにしたり、矢印や記号を使ったり、色分けをするなど、自分なりの工夫をしてください。表現の仕方は、自由であり、おおいに個性を発揮していただいて結構です。

では次に進みます。

ランクＵＰノートの月間ページ右側に、１か月間の計画づくりができたら、日曜日と月曜日の間を、マーカーで線を引きます。

そうすることによって、マーカーとマーカーの間の１週間の〝やるべき事〟が、より見えるようになります。そこから、「週間目標」を導き出すのです。

これで、ランクＵＰノートの月間ページ右の「月間計画」は完成です。

第１８表は、月間計画の記入例です。

〈具体的な進め方欄の記入例〉

次に、ランクＵＰノートの月間ページ左側にある「具体的な進め方」の欄に、右ページで立てた「月間計画」をストーリーとして、文章に表します。

「具体的な進め方」欄の月間計画を読めば、自らの動きや、まわりの人の動き、そして、

第18表

[月間計画]　ここから週の目標に落とし込みましょう

日・曜 ＼ 区分		習慣 1	2	3
1月				
2火				
3水				
4木				
5金	DM一式印刷完了			
6土				
7日	DM封入ラベル印刷完了			
8月	DM2000通発送。案内TELリスト作成(275件)			
9火	Aさんに教えてもらいトークマニュアルを完成させる			
10水				
11木				
12金				
13土				
14日				
15月	↑ 275件に勧誘TEL、55組の予約を取る			
16火	↓ (Aさん Bさんに手伝ってもらう) ↳ダメな時は100件の追加リスト作成			
17水	↑ 追加TEL 100件			
18木	↓ 55組の予約を確定させる			
19金				
20土	商品セミナー開催日			
21日				
22月	↑ 参加者全員にお礼TEL			
23火	↓			
24水				
25木				
26金				
27土				
28日				
29月				
30火	見込顧客3組達成			

このページは各自で工夫して活用して下さい。目標からのブレークダウンで「いつまでに 何を どのようにして　どこまで」とやるべき事を明らかにしましょう。

習慣づくり欄は、毎日就業時にその日を振り返り（出来ていた○印・出来なかった×印）でC／Kすると進めやすいです。習慣づくり（回路づくり）は前半（P. 19～P. 28）を参照して下さい。

いつの時点でどのような結果を出していればよいのか、立体のカラー動画でイメージできるようになればしめたものです。

ただし、すべての月間計画を文章にする必要はなく、ダイジェストでかまいません。

この〝経過地点〟を通過しないと、月間目標の達成につながらなくなる可能性が高いと思える計画や、自らの成長のきっかけとなる新しいことへの挑戦など、自らの〝やるべきこと〟としての、優先順位の高い計画だけを抽出して、〝見える化〟すればよいのです。

会社として自創（じそう）に取り組んでいただく場合は、「月間計画」をランクUPノートで目に見える形にできれば、必ず所属長、もしくは自らを育てる責任のあるメンバーと成長対話をおこなうことになっています。

その時、上長が話す成長対話の質問例として、

「経過地点としての出すべき結果が、仮に出ないとするならば、どのような要因が考えられるかな？」

「その要因に対して、事前に手を打っておくべきことがあるとすれば何があるかな？」

「また、この出すべき結果が、出ないとするならば、他のやるべきことは考えているの

第19表

テーマ

月間目標 4 月 (これを週の目標に落とし込んで実行)

今月の重点目標	具体的な進め方	結果・反省
	○月末までに見込顧客3組つくるために、4月20日に商品セミナーを開催する。 ○セミナーの案内DM2000通を4/8に発送(印刷完了 4/5 封入 〃 4/7) ○案内TELリスト作成275件(4/8) ○セールストークマニュアル作成(4/9) ○15~16日勧誘TEL (Aさん・Bさんのスケジュール事前確認) 55組の予約を取る →取れない時は追加TEL100件(17~18日) ○セミナー開催後、お礼TEL&訪問で3組の見込顧客達成する	

(留意事項)

1.(習慣づくり)	2.	3.

年間目標必達のために、「今月の出すべき結果(何を どこまで)」「どのようにして」「他の手立ては」などそのポイントを書いて下さい。

かな？」

「経過地点としての出すべき結果を出すための打つ手は、他に何があるだろう？」

「先月の反省は、この計画のどこに活かされているのかな？」

「あなたの成長のために、今は（今までは）できないことが、できるようになるきっかけは計画の中にあるかな？」

などと、所属長、もしくは育てる責任のあるメンバーが質問して、計画を立てたメンバーに「気づき」をもたせるきっかけを与える仕組みになっています。

通常、人間はできないことはやろうと思いません。

自らの成長のため、そして、月間目標を達成するために、〝新しいこと〟に挑戦すべきだと、正しく認識している人であれば良いのですが、ほとんどの人が、「今、できることでどうすればいいか？」と考え、今まではできないことを、これからできるようになろうとはしていないのが現状ではないでしょうか？

そのわりに、「やるべきことはすべてやっている！　どうしようもない…」、と本音では、半ば諦（あきら）めている人をよく見かけます。

これでは、成果を出し続ける仕事のできる人になることはできません。

打つ手は無限です！

月間計画の中に、「今は未だできないまでも、これからできるようになるべきこと」としての〝出すべき結果〟や〝とるべき行動〟が入っているかを、必ずチェックし、仕事のできる人になるための成長のきっかけをつくることが重要なのです。

【４】月間計画とつながる週間計画を立てる

仕事ができる人になるためには、小さな目標を達成する成功体験を積み重ね、着実に前進している手ごたえを感じる必要があります。その体験が成長を促す原動力となるのです。

そこで、月間目標を達成するための月間計画を立てたら、次に、１週間後のゴールである「週間目標」をランクＵＰノートに記入します。

ランクＵＰノートには、**第２０表**のような「週間目標」と〝日時の行動計画〟を立てる

今週の結果と反省

本日の計画（いつ　何を　どこまで　どのようにして）、本日の出た結果	本日の反省（次なる手立て）
7・8・9・10・11・12・1・2・3・4・5・6・7・8・9	
7・8・9・10・11・12・1・2・3・4・5・6・7・8・9	
7・8・9・10・11・12・1・2・3・4・5・6・7・8・9 へ	
7・8・9・10・11・12・1・2・3・4・5・6・7・8・9	
7・8・9・10・11・12・1・2・3・4・5・6・7・8・9	
7・8・9・10・11・12・1・2・3・4・5・6・7・8・9	
7・8・9・10・11・12・1・2・3・4・5・6・7・8・9	

「生涯を愛するなら時間を愛すること。なぜなら君の生涯は時間で成り立っている。」　フランクリン

第20表

〔　　月〕

今週の目標（上司の指示は○印　日々の落とし込みを）

ニ

上司よりの（部下への）指示事項	本日の業務「出すべき結果(何を どこまで)」	「取るべき行動(どのようにして)」
〔　　〕（月）		
〔　　〕（火）		
〔　　〕（水）	ホ	
〔　　〕（木）		
〔　　〕（金）		
〔　　〕（土）		
〔　　〕（日）		

仕事の優先順位を明確にする、量より質を重視して——「できることからすぐ始めよう」

「ここ迄する」と結果の明示を。処理時間を書いてみよう

「週間ページ」が、53週間分あります。

そのページは見開き2ページになっており、週間ページ左側の上段に、「今週の目標」（第20表／ニ）があり、下段に「日時の行動計画」（第20表／ホ）を記入する欄があります。

この「今週の目標」を記入する欄に、1週間後の〝出すべき結果〟としての〝週間目標〟を見える化します。


〈週間目標の立て方の例〉


週間目標は、週末に翌週の週間目標を立てます。

先ほど、ランクUPノートの月間ページ右に月間計画を立てる時に、月曜日から日曜日までを1週間ごとにマーカーで区切りました。

月間計画を区切った1週間の間には、経過地点としての、さまざまな〝出すべき結果〟と〝とるべき行動〟が見える形になっています。

その経過地点としての〝出すべき結果〟や、打つ手としての〝とるべき行動〟が、1週間内の到達点として定めるべき週間目標となります。

繰り返しますが、目標設定のやり方は、月間目標であれ、週間目標であれ同じです。

■目的：「何のために」
■内容：「何を（行ないとして）」
■出来ばえ：「どこまで」

といった３つのキーワードを活用して、「○○のために、～～を□□にする」と目に見える形にします。


週間目標の設定時において、〝目的〟を書くポイントとして、

「月間計画にある来週以降の経過地点の〝出すべき結果〟を出すために」

「今月の月間目標にある到達点の〝出すべき結果〟を出すために」

と、１つ上の〝出すべき結果〟である、月間計画や月間目標を書くことによって、月間計画や月間目標を達成させることにつなげる週間目標を立てることができます。


そして、その〝目的〟に応じた〝内容〟と〝出来ばえ〟を明確にします。

ランクUPノート月間ページ左側の「具体的な進め方」欄に、ストーリーとして見える化した月間計画の事例から考えてみましょう。

さきほどの例にあげた月間計画には、

「18日までに、DM到着後の参加勧誘TELを275組（5倍）に完了し、55人の予約が取れている状態という結果を出す」

という〝経過地点〟がありました。その経過地点に辿りつくために、その手前の〝経過地点〟としての〝出すべき結果〟と、打つ手である〝とるべき行動〟として、

「8日には、2000件のDMの発送が完了している状態にし、9日までには、案内TELのやり方をAさんに教えてもらい、トークマニュアルを完成させ、同時に参加の案内TELをすべき275件のリスト作成を完了させ、15日と16日、AさんとBさんと一

緒に、275件すべてに案内TELができている状態から、40人以上の予約と、予約見込み顧客が15人以上取れている状態にする」

とありました。

マーカーで区切った週間単位の期間内にある〝結果の明示〟から、週間目標が見えてくればしめたものです。

この例の場合、第1週目の週間目標はどういう内容になるでしょうか？

答えは、

「18日に、55人の予約が完了している状態とするために、8日には2000件のDMの発送が完了している状態にし、9日までには、トークマニュアルを完成させる」

が、週間目標となります。（記入例→**第21表**）

当然ですが、このとき月間目標と同様、A目標（業績・成果に関わる重点目標）だけでなく、B目標（職務拡大目標・人材育成目標）、C目標（能力向上目標）に関する週間目標も、忘れずに設定してください。

もう1つ、週間目標を設定するにあたって、注意しなければいけないことがあります。

1週間後、もしくは来週中の〝出すべき結果〟としての週間目標を設定するにあたり、ここまで、年間目標を必達するために、年間の計画から、月間目標、そして、月間計画へと〝出すべき結果〟を明らかにしてきているのに、ここで急に、目先のやらなければいけないことにとらわれてしまう傾向があります。

たとえば、

「来週、納品が控えている」

「部長から言われた資料を来週中に作成しなくてはならない」

など、現実の業務として〝やらなければいけないこと〟に目を奪われる場合があります。

週間目標を設定するにあたり、ここで急に「納品」や「資料の作成」が週間目標だと勘違いしてしまう場合があります。

当然、〝やらなければいけないこと〟はやる必要があります。

第21表

〔4月〕

今週の目標（上司の指示は○印　日々の落とし込みを）

18日に55人の予約が完了している状態とするために、8日には2000件のDMの発送が完了している状態にし、9日までにはトークマニュアルを完成させる。

上司よりの（部下への）指示事項	本日の業務「出すべき結果(何を どこまで)」「取るべき行動(どのようにして)」	
〔　〕（月）		
〔　〕（火）		
〔　〕（水）		
〔　〕（木）		
〔　〕（金）		
〔　〕（土）		
〔　〕（日）		

仕事の優先順位を明確にする、量より質を重視して――「できることからすぐ始めよう」

「ここ迄する」と結果の明示を。処理時間を書いてみよう

目標設定としても、間違いだとはいいきれません。

しかし、本来の必要性から考えた仕事の優先順位は、年間目標必達のための〝やるべきこと〟です。

あくまでも、月間計画の中にある〝出すべき結果〟や〝とるべき行動〟から、「週間目標」を導き出すことが重要です。

ランクUPノートには、「やらなければいけないことだけに振り回されるのではなく、やるべきことをやり抜くことができる人に育つ」という狙い(ねら)があります。このことができなければ、本当に仕事ができる人とはいえないからです。

ですから、会社として自創(じそう)に取り組んでいる場合は、週間目標の設定ができたら、月間目標の時と同様に、所属長、もしくは自分を育てる責任のあるメンバー(チャレンジシートのB目標に自分の名前を入れて、育てようとしてくれている人)と成長対話をする仕組みになっています。

月間計画の遂行につながり、月間目標を達成するための週間目標として、その中身が、適切な〝内容〟になっているか、適度な〝出来ばえ〟になっているかをチェック(**点検**↓

修正→確認）します。

所属長など責任のある人が、成長対話をおこなう質問の例として、「週間目標を達成するために、出すべき結果として、この内容の他に考えられるとしたら何があるかな？」

「月間目標を達成するために、出すべき結果として、この出来ばえの量（質、スピード）で良いのかな？」

などと、週間目標の中身にある「内容」と「出来ばえ」について、「他にあるなら」と考えるきっかけを与える仕組みになっています。

また、その週間目標を達成するために、所属長や、他のメンバーでフォローできることや、とくに、Ｂ・Ｃ目標に関する、週間目標の設定が漏れていないかのチェックもすることになっています。

週間目標の〝出すべき結果〟を出すことによって、「ここまでできた！　あとは…」と、翌週につなげ、小さな成功体験を積み重ねることが大きな自信につながり、成長の弾みとなるのです。

[5] 週間目標を達成するための「日時の行動計画」を立てる

次に、年間目標を必達するために導き出した週間目標を達成するために、日時の行動計画を明確にします。

〝日時の行動計画〟では、「**どの日の、どの時間をどれだけ使って、どのような行動をし、どんな結果を出すのか**」を**〝見える化〟します。**

この日時の行動計画欄には、予定として、「○○する」という書き方をする欄ではないことを強く認識しておくことが重要です。

ランクUPノートの週間ページ左側に「本日の業務」として、〝日時の行動計画〟を記入する欄があります。（**第20表／ホ**）

また、ランクUPノート週間ページ右側に、「本日の計画」として、1日の段取りを記入する欄があります。（**第20表／へ**）

週末に週間目標の設定と同時に、1週間分の行動計画をまとめて書きます。

〈本日の計画欄の記入例〉

まず、ランクＵＰノート週間ページ右側にある「本日の計画」欄の各日の枠にある「時間軸」を使って、週間目標達成のための〝やるべきこと〟を、やりきるだけの時間を確保します。〝やるべきこと〟をやりきる必要があるだけの時間を、マーカーで線を引くなどして、〝やるべきこと〟に関する時間の見える化をします。（記入例→**第２２表**）

〈本日の業務欄の記入例〉

〝やるべきこと〟の時間を確保したら、次に、ランクＵＰノート週間ページ左側の「本日の業務」欄に、〝行動計画〟として、「何を」「どのようにして」「どこまでの結果を出す」のかを記入します。

このように、ランクＵＰノート週間ページ左右の「本日の業務」欄と「本日の計画」欄に、週間目標を達成するためのすべての時間が〝見える化〟できて、〝出すべき結果〟と〝とるべき行動〟がすべて見える化できれば、年間目標を必達するための計画づくりは完成です。

第22表

今週の結果と反省

本日の計画（いつ　何を　どこまで　どのようにして）、本日の出た結果	本日の反省（次なる手立て）
7・8・9・10・11・12・1・2・3・4・5・6・7・8・9 2000件DM 発送完了	
7・8・9・10・11・12・1・2・3・4・5・6・7・8・9 トークマニュアル の完成	
7・8・9・10・11・12・1・2・3・4・5・6・7・8・9	
7・8・9・10・11・12・1・2・3・4・5・6・7・8・9	
7・8・9・10・11・12・1・2・3・4・5・6・7・8・9	
7・8・9・10・11・12・1・2・3・4・5・6・7・8・9	
7・8・9・10・11・12・1・2・3・4・5・6・7・8・9	

「生涯を愛するなら時間を愛すること。なぜなら君の生涯は時間で成り立っている。」　フランクリン

ただ、日々の業務には、週末に考える週間目標を達成するための〝やるべきこと〟とは別に、〝やらなければいけないこと〟も、あると思います。

〝やらなければいけないこと〟も、やりきるために、ランクＵＰノートの週間ページ左の「本日の業務」欄や、ランクＵＰノートの週間ページ右の「本日の計画」欄を活用して、同様に記入します。（記入例→**第２３表**）

あくまでも、「必要性」からいえば、〝やらなければいけないこと〟よりも、週間目標達成のための〝やるべきこと〟が、計画を立てる優先順位は高いのです。

会社として自創（じそう）に取り組む場合は、所属長、もしくは責任のあるメンバーが、月間目標設定時と同様に、部下のＢ・Ｃ目標に関する〝日時の行動計画〟が漏（も）れていないかのチェックをおこないます。また、実行可能かどうかのチェックをする成長対話をおこないます。

自創（じそう）では〝日時の行動計画〟にまで落とし込まれた〝やるべきこと〟は、年間目標を必達するための業務です。これを『**成長業務**』と呼んでいます。

チャレンジシートに掲げた年間目標の必達を通じて、自分自身が成長することが大前提です。

第23表

〔4月〕

今週の目標（上司の指示は○印　日々の落とし込みを）

上司よりの（部下への）指示事項	本日の業務「出すべき結果(何を どこまで)」	「取るべき行動(どのようにして)」
〔8〕（月）	2000件のDMを発送する	
〔9〕（火）	案内TELのやり方をAさんに教えてもらい、トークマニュアルを完成させる	
〔10〕（水）		
〔11〕（木）		
〔12〕（金）		
〔13〕（土）		
〔14〕（日）		

仕事の優先順位を明確にする、量より質を重視して——「できることからすぐ始めよう」

「ここ迄する」と結果の明示を。処理時間を書いてみよう

そのために、〝今まではできなかったこと〟ができるようになるための業務が、〝日時の行動計画〟に入っているかどうかのチェックが重要です。

今まではできなかったことに挑む『成長業務』ですので、尻込みをしたり、躊躇したりなど、書いてはいるが、やらない可能性があります。

そのために、上長は成長対話をするときに、「安心感を与える」コメントや、「励ます」コメントを入れることが重要です。

ただ、それだけでは十分ではありません。

実際やらなかったときに、必ずといっていいほど出てくるのが「言い訳」です。

〝出来ない理由〟として、人のせいやまわりのせいにし、いかにも自分を正当化するように、「言い訳」する人がいます。

確かに、その言い訳の中身は事実かもしれません。

しかし、成長業務としての〝やるべきこと〟をやれなかったという結果を出してしまえば、単なる「言い訳」でしかなく、〝できない理由〟として、上長は言わせないようにしなければいけません。

そのために、この言い訳を、ある程度、事前に潰(つぶ)しておくことが成長対話では大切です。実行可能かのチェックをおこなう成長対話の質問事例として、

「この行動計画が、実行できない理由があるとすれば、何があるかな？」

「そのできない理由をできる方法に変えるとすれば、どうすればいいと思う？」

などと質問することによって、事前に言い訳を潰(つぶ)しておけばよいのです。

また、〝やらなければいけないこと〟として、所属長や他の上司などからの指示事項や、会社への提出物などの漏(も)れがないかのチェックも大切です。

個人で自創(じそう)に取り組む場合、そもそも仕事のできる人になろうという意欲が強い人なので、言い訳をしてやらないということはないかと思いますが、人間はそんなに強くありません。

したがって、個人で取り組む場合は、仕組みとしての成長対話がない分、「言い訳しない」「絶対に逃げない」「安易な道を選ばない」と心に決めて、自分でやる気を奮い立たせる必要があります。

また突発業務などの発生予測をしておき、あらかじめ、予備時間を確保しておくことも

必要でしょう。その予備時間を使う突発業務が発生しなければ、成長業務の時間として、先輩に同行したり、他のメンバー（とくに他職種のメンバー）のお手伝いをすることによって、自己成長につなげることも大切です。

以上が、ランクＵＰノートの書き方の説明です。

なお、ランクＵＰノート月間ページの左側にある「結果・反省」欄と、週間ページ右側の「本日の反省」欄の使い方は次章で、さらに月間ページ右側の「習慣」の欄は、第８章で解説します。

第7章　ランクUPノートの使い方

目標と計画を見える化

以上、チャレンジシートを使って、「年間目標」を設定し「年間計画」を立て、ランクUPノートに「月間目標」を設定し「月間計画」を立て、同時に、「週間目標」を設定し「日時の行動計画」を立てるところまでは理解できたでしょうか。

このチャレンジシートとランクUPノートという道具を使って、自分の日々の行動が年間目標の必達につながるように、目標と計画を〝目に見える〟状態にする訓練を積み重ねることが大切です。

この目標と計画を見える化したら、究極の仕事ができる人である『自創の人』、**「自らが、計画を立て、チェックし、改善し、その目標の達成に責任を持つことができる人」**に成長するために、「チェック」を事前におこなう必要があります。

ここでいう「チェック」とは、チャレンジシートやランクUPノートを使って見える化した中身を〝点検〟し、不具合があれば〝修正〟し、「これでいける」と〝確認〟するまでの一連の流れをいいます。

「このより良い結果を出すことができれば、どれだけの成果に結び付くことができるのか？」

「このやり方でより良い結果を出すことができるのか？」

「他にあるとすれば？」

などと、「できる方法」として事前に検証するのです。ここまでの一連の流れを**原因管理**といいます。

そして、自創（じそう）では、この原因管理をするときに**成長対話**を重要視します。

年間目標を必達するための〝得るべき成果〟につながる〝出すべき結果〟と〝とるべき行動〟が月間から週間、そして日時の行動計画にいたるまで、明確になっている状態とするために、原因管理としての成長対話を、ランクUPノートを通じておこなうのです。

ですから、ランクUPノートは、これからやるべきこと、つまり〝得るべき成果〟につながる〝出すべき結果〟と〝とるべき行動〟を書くことがメインとなります。

通常、ノートやメモには、見たことや聞いたこと、やったことなどを書き残します。また、やること(TO DO)を書く手帳やスケジュール帳などはたくさんありますが、「□□する」とやることを書いているだけで、「□□して○○な結果を出す」、つまり〝出すべき結果〟を書くようにはなっていません。

しかし、〝出すべき結果〟を自らの手で書かない状態では、頭の中に達成イメージができにくくなります。

「□□をする」と単に予定を書いて、その通りに行動し、「□□をした」と書いたところで、今までとは違う〝より良い結果〟を出すことにはつながりにくいのです。

なぜならば、ただ単に〝やること〟を書こうとすれば、ふつうは今までにやったことで、うまくいったことしか書こうとしません。もちろんそれ自体が悪いことではありません。

しかし、今とは違う〝より良い結果〟を出すためには、『より魅力的な行動』を少し加えなければ、今まで以上の結果を出すことはできません。

今までとは違う〝より良い結果〟を出すことにつながる「今までとは違う行動」をとるためにも、〝出すべき結果〟と〝とるべき行動〟を自ら考え、それをランクUPノートに目に見える形にし、そのランクUPノートを通じて、自分の仕事をよく理解している人と成長対話する必要があるのです。

計画どおりに結果が出なかった場合

〝出すべき結果〟を出すことにつながる〝とるべき行動〟が、ランクUPノートを使って、日時の行動計画にまで明確になれば、次は実行（DO）に移します。

当然、やったらやっただけ、やらなかったらそれなりに結果が出ます。

市場や環境、競合の動向、お客様やメンバーの感情や行動などは常に変化しており、予測と反する場合があります。

よって、〝より良い結果〟を出すために、このさまざまな変化を予測した上で〝とるべき行動〟を考えて、ランクUPノートで〝見える化〟し、実行したとしても、より良い結果が出るとはかぎりません。

もちろん、より良い結果を出すに越したことはありませんが、その時点で良い結果が出ていないこと自体は、悪いことではありません。しかし、良くない結果が出ている現状で、これからの行動を改善しようとしないことは良くありません。

計画どおりの結果が出なかったとしても、その出した結果から反省し、〝自らの改めるべき行動〟を見つける「きっかけ」にすることが重要なのです。

〝自らの改めるべき行動〟を見つけ、具体的に改めた「次なる手立て」を導き出すために、ランクUPノートに**ありのままの〝出した結果〟を書くことが重要です。**書くタイミングと記入箇所は次のとおりです。

● 「日時の行動計画」に対して、一日の終わりに、ランクUPノート週間ページ右側に「出した結果」を書く（記入箇所→**第24表／ト**）

● 「週間目標」に対して、毎週の終わりに、ランクUPノート週間ページ右側上に「出した結果」を書く（記入箇所→**第24表／チ**）

第24表　ランクＵＰノート週間ページ右

今週の結果と反省

チ

本日の計画（いつ　何を　どこまで　どのようにして）、本日の出た結果	本日の反省（次なる手立て）
7・8・9・10・11・12・1・2・3・4・5・6・7・8・9 ト	ヌ
7・8・9・10・11・12・1・2・3・4・5・6・7・8・9 ※「出すべき結果」と実行したあとの「出した結果」の両方を書くために１本の横線を引き、上下に枠をわける書き方が一般的です	
7・8・9・10・11・12・1・2・3・4・5・6・7・8・9	
7・8・9・10・11・12・1・2・3・4・5・6・7・8・9	
7・8・9・10・11・12・1・2・3・4・5・6・7・8・9	
7・8・9・10・11・12・1・2・3・4・5・6・7・8・9	
7・8・9・10・11・12・1・2・3・4・5・6・7・8・9	

「生涯を愛するなら時間を愛すること。なぜなら君の生涯は時間で成り立っている。」　フランクリン

第25表　ランクＵＰノート月間ページ左

（テーマ）

（月間目標）　月（これを週の目標に落とし込んで実行）

今月の重点目標	具体的な進め方	結果・反省
		リ

（留意事項）

1．（習慣づくり）	2．	3．

年間目標必達のために、「今月の出すべき結果（何を どこまで）」「どのようにして」「他の手立ては」など
そのポイントを書いて下さい。

●「月間目標」に対して、毎月の終わりに、ランクUPノート月間ページ左側に「出した結果」を書く（記入箇所→**第25表／リ**）

次に、日時・週・月の〝出した結果〟に対して、反省（SEE）し、「次なる手立て」を考えます。

考えるだけではありません！　そのあとが大事です！

明日以降の日時・週・月の行動計画に反映すべき、自らの行動改善としての「次なる手立て」を、具体的に「次、こうしよう！」「これからこうしよう！」と、出した結果を書いた、その日のうちに必ず書くのです。（記入箇所→**第24表／ヌ**）

よく、「日中にランクUPノートを書いて良いのでしょうか？」と質問を受けます。

あくまでも、その時に〝出した結果〟を書き、夕方に〝自らの改めるべき行動〟を見つけ、その行動改善を次の計画や目標に入れることによって、次のより良い結果を出すためですので、ランクUPノートを書くのは当然、仕事です。

ただし、書くために書くだけで終わらせるようでは、仕事とはいえません。より良い結果を出すことにつなげる活用の仕方をすることが大前提です。

もちろん、業務の都合で、すぐには書けないこともあるでしょう。

たとえば、お客様の車の修理をし、油などで真っ黒になっている手で、ペンすら持てない状態のまま、次の修理に取り掛かるべきであれば、ランクＵＰノートに書く、〝出した結果〟は、夕方にまとめて書いてもかまいません。

しかし、この〝出した結果〟を書くことに慣れていないのではないでしょうか。

「□□した」とやったことは書きます。しかし、「□□して○△という結果となった」と書く人が少ないのです。

出した結果が書けない理由として、自分の行動にばかり気をとられ、出した結果に目を向けていない人がいます。ふきんを使ってテーブルは拭くが、そのテーブルの汚れがちゃんととれているか見ようともしないウェイターさんを見たことがありませんか。ついでにいえば、リュックを背負って歩いたり電車に乗っている時、自分の向きを変える時に、後の人にリュックが当たらないか、まわりを確認せずに向きを変える人がいます。まわりの人に不快な思いをさせていないか、迷惑をかけていないかを気にしない自己チューな人は、ありのままの出した結果はなかなか書けません。

話を戻しますが、出した結果を書かない理由として、「リーダーや上司から怒られるかも…」といった恐怖心などから、ありのままの現実としての〝出した結果〟を書くことができないのです。

〝出した結果〟は変えようがありません。しかし、これからより良い結果を出すために、「行動」を変えることはできるのです。

会社で自創（じそう）に取り組んでいる、部下をもつ管理者には、仕事を通じて成長する過程において良くない結果を出したとしても、部下を叱らないでください、とお話ししています。部下に「なぜそんな結果を出したんだ！」「良い結果を出すと言ったじゃないか！」といくら言っても〝出した結果〟は変わらないからです。

言われた部下は必ずといっていいほど、言い訳を考えてしまいます。また、落ち込んだり、凹（へこ）んだり、悩んだりするだけで何の意味もありません。

そして、「なぜ？ そんな結果を出したんだ！」と上司から言われたくないために、次から〝出した結果〟を書かなくなり、ひいては、〝出すべき結果〟までも書けなくなる可能性があります。

この「なぜそんな結果を出したんだ！」と**結果管理**をするリーダーや上司がいる部署はけっして成果を出し続けることはできません。

言い訳を考える人や結果を出すことができない人を育てることにつながることをしているからです。

このように〝結果管理〟として、出した結果の原因を粗探(あらさが)しのように「なぜ？」と他人が聞いてはいけないのです。

あくまでも、自ら反省をする中で「なぜ？」と自問自答し、「自らの改めるべき行動」を考えるきっかけとして、ありのままの〝出した結果〟をランクＵＰノートに書くことが重要なのです。

成長対話をする場合に、**上司は部下のありのままの〝出した結果〟に対して、「残念だったね。次どうするの？」「これからどうするの？」と聞き、反省として「次なる手立て」を考えさせる〝きっかけ〟を与えることが最も重要なのです。**とくに部下を育てるときにこの点がとても重要になってきます。

いずれにせよ、**結果が出ている「今」は、あくまでもこれから〝より良い結果〟を出すための出発点にすぎないのです。**

よって、「日時の行動計画」どおりの結果が出なかったとしてもかまいません。「週間目標」が達成しなかったとしてもかまいません。「月間目標」が達成しなかったとしてもかまいません。しかし、年間目標だけは必達です。

年間目標を必達するために、毎日、毎週、毎月、〝出した結果〟を自ら検証した上で、反省として毎日、毎週、毎月「次なる手立て」を導き出すことによって、次の目標や計画に取り入れることが極めて重要なのです。

そうすれば、気持ちは思いのほか軽くなり、これからに向かって行動することができます。つまり、失敗と思える現象を「失敗だ」と諦（あきら）めず、「自分なりの改めるべき行動を見つけるチャンスだ！」ととらえ、改めるべき行動としての〝自分なりのうまくいかない方法（行動）〟を探り出すことができるようになります。

そして、〝自分なりのうまくいかない方法（行動）〟を具体的に改めて、明確な「次なる手立て」を打ち出すことができるのです。

それによって、次に今と違った良い結果を出す可能性が生まれるのです。この「次なる手立て」の積み重ねによって〝自分なりのうまくいく方法(行動)〟をつかんでいくのです。

次なる手立ての導き出し方

そこで、明確な「次なる手立て」を打ち出すやり方を身につけるために、4つのステップと、その具体的なやり方を理解し、毎日実践し、体得する事が不可欠です。

■ステップ1『書く』

〝出すべき結果〟と〝出した結果〟とその差を目に見える形にする。

〈具体的なやり方〉

①出すべき結果として、目標や計画を〝出来ばえ〟をもらさずにランクUPノート

に書きます。

②計画に基づき実践すればそれなりの結果が出ますので、出した結果をランクＵＰノートに書きます。

③目標や計画という①の〝出すべき結果〟と、②の〝出した結果〟との差をランクＵＰノートに書きます。

※目標や計画が数値化されていれば、差は出しやすいですが、状態化という表現の仕方もあり、その場合は、まだ足りない状態を書きます。

（目標や計画の数値化や状態化は、第４章８９ページ以降に詳しくあります）

〈ステップ1の実践例〉

出すべき結果：「売上目標○○○万円を達成するために、お客様からご注文戴いた商品を納期通りにお届けし、喜んで頂いている状態をつくり、代金○万円を頂戴する」

出た結果：「お客様から叱られ、代金を戴けなかった」（クレームになった）

その差：「売上としてマイナス○万円の差が出ている」

〈ステップ1のポイント〉
〝出た結果〟は必ず、ありのままを書きましょう。

とくに良くない結果を出した場合でも、ありのままを書くことが大切です。出した結果という現実は変えようがありません。

「良くない結果を出したこと」そのものが良くないのではなく、その結果から目をそむけたりごまかしたりして、改めるべき行動を見つけようとせず、『これからの行動を変えようとしないこと』が良くないのです。

「上司に叱られるのではないか？」「まわりにカッコ悪い」などと、書かなかったり、ごまかして違う中身を書いたりしては、これから良くなるための改めるべき行動が正しく見つかりません。

上司も、期待外れの結果だとがっかりすれば良いだけで、叱る必要はありません。
また良い結果を出したときも、ありのままの出した結果を書きましょう。

良い結果を出したのは偶然ではありません。必ず、過去に良い結果を出すための行動を何かしているのです。

良い原因として、継続すべき行動をつかんでおくことも大切なのです。

この継続すべき行動をつかんでおかないと、次は良い結果が出せず、あの時はやっぱり偶然だったとなってしまうのです。

■ステップ2『考える』

結果とその差を出すことにつながった〝直接の原因〟を見つける。

〈具体的なやり方〉

①その結果やその差を出したのは「なぜ？」「どうしてだろう？」「他にあるなら？」などと自問自答し、直接の原因を見つけます。

〈ステップ2の実践例〉

直接の原因‥

「納期が遅れた」「その時に謝る前に言い訳をした」といったように、事実である直接の原因を考えて、見つけるのです。

〈ステップ2のポイント〉

今、その結果や差が出ているのは、必ず過去にその原因があります。過去にあった直接の原因を、事実として正確に捉えることが大切です。

上司やまわりのメンバーは出すべき結果を出すことを期待していたので「なぜ、結果が出なかったのか？」を聞きたくなるでしょうが、ここで過去形の、否定質問をしてはいけません。

言い訳などをわざわざ引き出し、本人のやる気を下げるだけです。その結果を出した（出すことに関わった）のはあくまでも本人です。その本人にしか事実はわかりません。本人が直接の原因を考えるべきです。

また、原因が一つとは限りません。「他にあるなら?」と必ず自問自答することを忘れずにおこない、いくつかの直接の原因を見つけておくことが大切です。

一つしかなければそれでも結構です。「他にあるなら?」と多角度から考えることそのものが大切なのです。

これは、頭の中で考えればよいので、本来書く必要はありません。しかし、この考える力が身につくまでは書いたほうがベターです。わざわざランクUPノートに書く必要はなく裏紙などにメモをする程度でかまいません。

■ステップ3『さらに考える』

〝直接の原因〟を引き起こした〝改めるべき行動〟(真の要因)を探り出す。

〈具体的なやり方〉

①ステップ2で考えた直接の原因に対して、さらに「それはなぜ?」「他にあるなら?」「何をしておけばよかったのだろう?」と何度も自問自答し、自らの改めるべき行

動を探り出します。

〈ステップ3の実践例〉

改めるべき行動：

「納期が遅れたのは、発送が遅れたからだ。発送が遅れたのは、倉庫スタッフが伝票を見間違えたから…というよりも、倉庫スタッフが見間違えないためのはたらきかけができていなかったからだ…。あっそうか、倉庫スタッフに納期に間に合うタイミングで確認の電話を入れていなかった（真の要因）からだ！」

〈ステップ3のポイント〉

事実として見つけた直接の原因には、その背景に必ず、その直接の原因を引き起こした自らの行動があります。

過去において自らの「とった行動」や「とらなかった行動」といった〝真実〟の要因としての行動を探り出すことが非常に大切なのです。

よくステップ2の直接の原因を見つけたら、そこで考えるのを止め、その原因を改めるフリをして、「次は気をつけます」「これから頑張ります」「納期を徹底します」など、具体性のないことを言う人がいます。そういう人に限って、まったく行動は変わらず、今の良くない結果から、次の良い結果へと変化させることはできません。

ステップ2とステップ3において、「それはなぜ？」「他にあるなら？」とくり返し自問自答した時に、まわりの人やまわりの環境などが原因だと思えることがあります。それも事実でしょう。しかし、人のせいや環境などのせいに一切してはいけません。自創の人に成長するには、**１００％自分の行動の責任**だと捉えることが非常に大切なのです。

この「他責を一切やめ、自責と捉えて、次なる手立てを考えて実践する」という心構えは、仕事ができる人となるために、身につけるべき人格能力として必須事項です。

「市場が悪い」「不況が悪い」「お客様が来ない」「引き合いがない」「売れる商品がない」などと、人や環境などが、良くない結果が出ている原因だと捉えてしまうと、「○○さんが～してくれなかったから」などの言い訳や、不平、悪口、八つ当たりなどが次の行動として出てしまうのです。もしくは、次からは、もう行動しない状態へとつながる可能性があります。

原則として、「人は思った通りに動かないのが通常」「物事はうまくいかないことがあるのが通常」という認識を持っておくことが大切です。

そして、「思った通りに動いてくれない人が悪いのではなく、思った通りに動いてもらえるような〝はたらきかけ〟ができていなかった」「良い結果を出すための行動がとれていなかった」といった捉え方をすれば良いのです。そして、**自分なりの改めるべき行動を探る方向に目を向ける**のです。

「市場が悪いかもしれない。しかし、その市場環境の中で自分が何らかのはたらきかけができていなかったからなのだ。何をしておけばよかったのだろう？」と、自問自答し、自らの「とった行動」と「とらなかった行動」に目を向けることが極めて重要なのです。

自責といっても、「自分が悪い」という考え方をするのはよくありません。良くないのは、『自分なりの改めるべき行動』のみです。

「自分が悪い」と言ってしまうと、「自分の何が悪かったんだろう？」と考えてしまう可能性があります。

そうなると、性格が悪い？　価値観が悪い？　考え方が悪い？　容姿が悪い？　などと変える必要がない、あるいは変えられないものを変えなければいけないのではと考えてしまう可能性があります。

そもそも、人間には長所と短所が必ずあります。長所と短所の両方があるから人間としての味があるのです。短所が悪いのではありません。しかし「自分が悪い」と考えてしまうと、その短所に目がいく可能性が出てしまい、気持ちが落ち込んだり、余計にイライラする可能性が出るのです。

「自分のどの行動を改めるべきか？」と自らの過去の行動に目を向け、改めるべき行動を探り出すのです。一般的な「反省する」というアバウト言葉の意味を、「〝悪い行動〟は改めるべき」と認識している人がたくさんいます。結論からいえば、〝良い行動〟も改めるべき行動との認識が重要です。

過去に良い結果を出せた行動でも、今、そしてこれからも良い結果を出せるとは限りません。常に世の中は変化しているのです。今までは良い結果を出すことができた行動と思っていても、これからより良い結果を出すためには、「より魅力的な行動」として、行動改善をする必要があるのです。

あと、〝良くはないが、悪くもない行動〟いわゆる「普通の行動」は、これからより良い結果を出すための行動改善を考えるのですから、当然改めるべきという視点を持つことも重要です。しかし残念ながら、たいがいの大人は、悪い行動のみが改めるべき行動だと大きな勘違いをしています。「あなたは、明日の行動計画で、どれだけ悪い行動をしようとたくらんでいますか？」と聞いて、そのたくらみがランクＵＰノートに書いてあるのを見たことがありません。

常識的な大人は、計画を立てる際に、「これだけの悪い結果を出すのに、このように悪い行動をする」と考えません。「だからわたしには改めるべき行動はない」と思い込んでいる大人は成長しないのです。

ステキな大人として良識ある人は、「自分のすべての行動は改めるべき」との見識を持つことができる人なのです。

その見識を持ち、何度も「それはなぜ？」「他にあるなら？」とくり返し自問自答し続けていくことにより、**「あっ、そうか！」と気づきを得ることが重要です。**

「この行動をしてしまっていたからこの結果が出ているんだ！」「この行動をしなかったからこの結果になったんだ」と、気づきが得られればしめたものです。

この気づいた行動が、〝自分なりの改めるべき行動〟なのです。

■ステップ4『具体的に書く』

〝改めるべき行動〟を改め、明確な『次なる手立て』を目に見える形にする。

〈具体的なやり方〉

探り出したステップ3の〝改めるべき行動〟を具体的に改めて、「次、こうしよう」と良い結果を出すためのとるべき行動の一つとしてランクUPノートに書きます。

〈ステップ4の実践例〉

次なる手立て‥

「次から納期2日前に必ず倉庫スタッフに確認の電話をしよう」

というように、４つのステップを通じて、「次なる手立て」を明確にすることができるようになることが最も重要です。このようにして、良くない結果を出したことに対して、明確な「次なる手立て」を打ち出し、それを次から実践すれば、良い結果を出すことにつながるのです。

何らかの行動をすることによって出した結果は、現象として、目に見えやすいのですが、その結果を出した要因行動（改めるべき行動）は客観的に目に見えないものなのです。また、〝出すべき結果〟や〝とるべき行動〟も、自らが目に見える形にしない限り見えません。

よって、目標や計画づくりとしての〝出すべき結果〟と、「次なる手立て」を含めた〝とるべき行動〟をランクＵＰノートで見える化することが重要なのです。

【見える化】したランクＵＰノートを、チームのメンバー同士で検証するといった成長対話をおこなうことによって、全メンバーが〝自分なりのうまくいく方法（行動）〟をそれぞれにつかむといった成長にもつながり、強いチームとして、組織的により良い結果を出すことが【できる化】となるのです。

〈ステップ4のポイント〉

「自分なりのうまくいく方法」につながる可能性のある、〝自分なりの改めるべき行動〟を探り出すことができれば、それを具体的に改める必要があります。

自らの行動の改め方として、**第26表**のとおり、大きくは4種類の行動の改め方があります。

これら4種類の行動の改め方から、改めるべき行動をどのように改めればよいのかを具体的に考え、『次なる手立て』として、明確に「次、こうしよう！」とランクUPノートに書くことが大切です。

再度いうと、ランクUPノートに〝目に見える形〟になっている「日時の行動計画」としての〝出すべき結果〟と〝出した結果〟の差を見ながら、毎日少なくとも1つ以上、〝自分なりの改めるべき行動〟を探り出します。

そして、具体的に改めて、「次、こうしよう！」と自らの「次なる手立て」を導き出したら、それをランクUPノートのその日の欄にまずは書きます。

この『次なる手立て』として「次、こうしよう！」といった表現でランクUPノートに

第26表　４種類の行動の改め方

①やり方を変える

手順を変える、道具を変える、相手を変える、場所を変える、取り組む時間を変えるなど、打つ手は無限にあります。手を変え、品を変え、見せ方などを変えることです。過去の成功行動がこれからの成功行動とは限りません。

②継続する

意図的に継続行動を行ない、その行動がうまくいかない行動かを見極めるためです。もしくは、継続することによって、できないことができるようになります。
※惰性に流された継続という意味ではありません。

③止める

思い切っていったん止めてみる。
意外と今までの行動を止める事で良い結果につながる場合があります。

④新しいやり方を身につける

①②③を実践してもなかなか良い結果が出ない場合、新しいやり方をまわりの人などから学ぶのです。
事業発展計画書にも、あなたが身につけるべき新しいやり方のヒントがたくさんあるはずです。

書いたら、「次っていつなのか？」を自ら考える必要があります。

基本的には、この「次」いつにするのかを決めるのは自分です。また、この『次』の機会を創るのは自分です。

ただし、お客様の都合や、まわりのメンバーの都合を調整する必要がある場合があります。相手の都合がわからないからといって、「次なる手立て」を翌日以降の計画に入れなければ、いざ、その場面になった時に「次なる手立て」を忘れてしまい、今までと同じような行動をして、今までと同じような結果を出す可能性があります。

週間目標や月間目標を達成するために、「次のこの時には、このようにしてこんな結果を出すべきだ」と、自らの意思表示として、翌日以降の計画に必ず「次なる手立て」を取り入れる必要があるのです。

次のその時に、今とは違う良い結果を出すために、相手との時間の調整をはたらきかける〝段取り〟も計画づくりとして取り入れることが重要です。

どうしても、相手の都合がわからずに段取りがつかない場合は、付箋（ふせん）で「次はこのようにしてこんな結果を出す」と書いて、おおよその時期に貼っておき、相手との時間の調整が出来次第、ランクＵＰノートのその日の欄に転記すればよいのです。

　このようにランクＵＰノートを使って毎日、ＰＬＡＮ（計画）・ＤＯ（実行）・ＳＥＥ（反省）を繰り返しおこなうことで、「自分なりのうまくいく方法」として、確実に〝出すべき結果〟を出すことにつながる行動をとることができるようになるのです。

　同様に、「週間目標」「月間目標」といったそれぞれの〝出すべき結果〟に対して、１週間、１か月の〝出した結果〟を目に見える形にすることが大切です。

　そして、１週間、１か月の反省として、「次なる手立て」をランクＵＰノートに書くことが重要です。

　その「次なる手立て」を翌週、翌月の目標や計画に活かすことが「年間目標」の必達につながるのです。要するに、

毎日、ＰＬＡＮ（計画）・ＤＯ（実行）・ＳＥＥ（反省）を実践し、
毎週、ＰＬＡＮ（計画）・ＤＯ（実行）・ＳＥＥ（反省）を実践し、
毎月、ＰＬＡＮ（計画）・ＤＯ（実行）・ＳＥＥ（反省）を実践している

といったマネジメントサイクルを繰り返している状態をつくり、常に行動改善ができている状態をつくることが重要なのです。

このランクUPノートを使った毎日、毎週、毎月のマネジメントサイクルを総称として自創ではセルフマネジメントサイクルといっています。

ランクUPノートを活用して、このセルフマネジメントサイクルの実践ができる状態になることが、仕事ができる人に育つ絶対条件なのです。

ほとんどの人が、うまくいかない理由を社会のせい、会社のせい、まわりの人のせいにして、自らの行動を変えようとしていないのですから、成果が出ないのは当たり前なのです。

1年を通じて、今よりもより良い状態として、年間目標を明確にし、その目標を必達するために、ランクUPノートを活用して、毎日、毎週、毎月、〝出すべき結果〟と〝出した結果〟の差を検証し、「次なる手立て」を導き出し、常に行動改善をしている状態であれば、必ず成果を得ることができるのです。

セルフマネジメントサイクルをまわそう

ここまでのセルフマネジメントサイクルのおさらいを含めて、年間目標の設定から、順にＰＬＡＮ、ＤＯ、ＳＥＥの本来の流れを「個人の貯金目標」の事例で理解しましょう。

たとえば、「欲しかった◯◯を手に入れるために、１年間で貯金を６万円貯める」と、いう年間目標を設定したとします。

年間目標を必達するための年間計画は、「毎月５０００円ずつ貯金する」となります。そして、「年間計画通りに進めるために、今月５０００円の貯金をする」という月間目標が導き出されます。

この月間目標を達成するための月間計画は、「毎週１２５０円の貯金をする」となります。月間計画通りに進めるために、「今週１２５０円の貯金をする」という週間目標が導き出されます。

この週間目標を達成するための日時の行動計画は、「平日の５日間は、毎日お昼ごはん代を800円から550円に節約して、250円の貯金をする」という〝結果の明示〟を含めた行動計画を立てたとしましょう。ここまでで、PLAN（計画）が終了となります。

そして、DO（実行）に移り、お昼ごはんを同僚から誘われて外食することとなり、どうしても食べたくなったパスタを食べて、「800円の出費が出た」という結果を出したとします。

この出した結果から、SEE（反省）をし、「次から外食はやめ、定食屋さんのお弁当、550円を買うことにする」と次なる手立て（行動改善）を打ち出したとします。

（この例では、「次なる手立て」としての行動改善をする際に、「1日250円の貯金をする」という〝出すべき結果〟を出すための行動改善でしかない例をあえて挙げておきます）

「今日250円の貯金をする」という結果を出すはずが、「0円の貯金で終わった」という結果を出したのですから、その『差』は、250円となります。あと残りの4日間で、この差額の250円をカバーする必要が出てきます。

この250円の差額をカバーするための〝計画改善〟として、明日以降の日時の行動計画に「雑誌を1冊買うのをやめて、300円を貯金に回す」という計画を追加すればよいのです。

「次から定食屋さんのお弁当で５５０円にする」という〝行動改善〟と、「雑誌を１冊買うのを辞めて３００円を貯金に回す」という〝計画改善〟が、明日以降の行動計画に入ってはじめて、ＳＥＥ（反省）から再度ＰＬＡＮ（計画）につながっている状態として、セルフマネジメントサイクルがまわり始めるのです。この一連の流れをプロセス管理といいます。

計画はどんどん改善しよう！

「次なる手立て」として「次、こうしよう！」と打ち出すのは、本来、今までとは違う〝より良い結果〟を出すためです。

今日、〝出すべき結果〟が出せなかったとしても、明日以降に、その〝より良い結果〟を出す必要があるはずです。

もしくは、途中までの結果は出したとするならば、その出した結果と、本来の出すべき結果の「差」が生じ、その「差」は翌日以降に持ち越しとなります。

そして、**持ち越す「差」は、翌日以降の計画に必ず盛り込むことが重要です。**

その「差」をカバーするための明日以降の〝出すべき結果〟は、今日の〝出すべき結果〟よりも多くなるのが通常です。

「今日の〝出すべき結果〟でさえも出せなかったのに、明日以降で、さらに多くの結果を出すなんて…」という声を聞く時があります。

気持ちはわかります。

今日と同じ行動を、明日も同じように繰り返すだけなら当然無理でしょう。だからこそ、行動改善としての「次なる手立て」が重要なのです。

また、その「次なる手立て」が、翌日以降の〝より良い結果〟を出すためにつながることが重要なのです。

もし、次なる手立てが、〝より良い結果〟につながらないとするならば、その「次なる手立て」のもとである「改めるべき行動」を見誤っている可能性があります。

もしくは、改めるべき行動の改め方が間違っている可能性があります。

また、「次なる手立て」が１つとは限りません。

もっと、多くの行動改善としての「次なる手立て」が必要なのです。

〝出すべき結果〟よりも、より良い結果を出すことができた場合もあるでしょう。その場合も同様に、その結果を出した原因が過去にあります。

ランクＵＰノートで過去を振り返り、〝より良い結果を出すことにつながった行動〟を探り出し、次に活かすことが重要です。

あと、「〝出すべき結果〟と〝より良い結果〟のプラスの差は…？」と質問されることが多いです。

プラスの差は、年間目標必達のための「貯蓄」としてそっと置いておき、その後の計画を継続すればよいのです。

けっして、〝計画の下方改善〟はしないで下さい。

いずれにしても、１日の出した結果に対して、その日のうちに、「次なる手立て」を打ち出し、翌日以降の行動計画の中に、次なる手立てとしての**〝行動改善〟と〝計画改善〟**

をランクUPノートに見える化ができるようになることが重要なのです。

同様に、週間目標に対する週末の結果をランクUPノートに見える化したら、その結果に対する反省をし、「次なる手立て」を導き出します。

その時に**翌週以降の月間計画を見直し、〝計画改善〟をすることが大切です。**

1週間で出した結果と、本来の出すべき結果でマイナスの「差」が生じたならば、その「差」を翌週以降に持ち越しとなります。持ち越すマイナスの「差」を、翌週以降につなげるために、月間計画の〝計画改善〟が不可欠です。

そして、**〝計画改善〟した月間計画を、計画通り遂行するために、来週の週間目標を設定することが重要なのです。**

ランクUPノート月間ページ右にある『1か月の日程欄』に見える化した**月間計画は、少なくとも、週に1回は改善する必要があります。**週1回に限らず、日々の出した結果によって、適宜（てきぎ）、計画改善してもかまいません。

月間計画の〝計画改善〟については、ペンの色を変えるなどして、前月末に立てた月間計画に加筆、修正することをおすすめします。

その際、けっして前月末に立てた当初の月間計画を消さないで下さい。ランクＵＰノートは、きれいに書くことが大切なのではありません。

自ら考え行動する人として、「何を、どの時点で、どのように考えたのか」が後から見てわかることが、自らの成長を実感するために大切なのです。

同様に、月間目標に対する結果を見える化したら、その結果に対する「次なる手立て」を導き出します。その時に**チャレンジシートの年間計画を見直し、計画改善することが大切です。**

１か月で出した結果と、本来の出すべき結果でマイナスの「差」が生じたならば、その「差」を翌月以降に持ち越しとなります。持ち越すマイナスの「差」を、翌月以降につなげるために、年間計画の〝計画改善〟が不可欠なのです。

そして、〝計画改善〟した年間計画を、計画どおり遂行するために、来月の月間目標を設定することが重要です。

チャレンジシートに見える化した**年間計画は、少なくとも、月に1回は改善する必要があります。**月１回に限らず、日々の出した結果によって、適宜（てきぎ）、計画改善してもかまいません。

年間計画の〝計画改善〟についても、ペンの色を変えるなどして、昨年度末に立てた年間計画に加筆、修正することをおすすめします。しかし、けっして当初の年間計画を消さないで下さい。

チャレンジシートの上下左右の余白欄に、吹き出しのように書き加えたり、裏に書き足してください。その時に、計画改善をした日付を入れておくとよいでしょう。

毎月、計画改善している時に、「昨年度末に立てた計画って、なんて甘かったんだろう…」という気づきがあればしめたものです。昨年度末よりも成長している証拠です。

このように、チャレンジシートやランクUPノートは、自らの成長を実感するためのノートでもあるのです。

第8章　人格能力を高めよう

仕事に必要な人格能力

本当に仕事ができる人になるためには、職務遂行能力の向上だけでなく人格能力も向上させる必要があります。

それは、わたしたちが自分の夢を実現させる場合にも求められます。なぜなら、人間社会において自分ひとりだけで実現できる夢などほとんどなく、多くが他人の協力を必要とするからです。当然ながら、他人の協力を得るには、人間的魅力を高める人格能力の向上が欠かせません。

日頃、まわりの人にいい加減な態度や、エラそうな態度で接していて、いざという時だけ頭を下げて協力してほしいと頼んでも、けっして聞き入れてもらえないでしょう。そんな人に限って、聞き入れてもらえないと逆ギレをします。「人は思った通りに動かないのが通常」という原則を無視し、人が思った通りに動かないと、いちいち腹を立てる自己チューな大人は、人格能力が高いとはいえません。

ところで、人格能力というと、難しい感じがしますが、仕事をする上で必要な人格能力とは、あなたが仕事で関係する人、たとえば、お客様や取引先、あるいは上司や先輩、同僚といった人たちから認められ、必要とされ、喜ばれ、しかもその状態を継続することができる能力といえます。

毎日わたしたちは、さまざまな人との関わり合いの中で生きていますが、ビジネスにおける基本は、何といっても「良い人間関係」です。

要するに、仕事で必要な人格能力とは、いつでも、どこでも、どなたとでも「良い人間関係」が築ける人であればいいのです。

では、どうすれば「良い人間関係」が築ける人になれるのでしょうか？

まず人間関係そのものを良いものにしようとして行動すると、相手に合わせ過ぎたり、媚(こ)びたりして、不自然な行動となってしまいます。

過剰に人の目を気にしたり、相手の反応に過敏になり過ぎるあまりに、ストレスを感じてしまいます。

それよりは、いつでも、どこでも、どなたとでも、「良い人間関係」が築ける行動が自、然にとれるように努力をすることが大切です。そして、自然に行動した結果、良い人間関係が築けていればよいのです。

つまり、良い人間関係を築くことよりも、良い人間関係が築ける自分を創ることに努力すればいいのです。

そもそも人間は、他人をさまざまな指標で判断し、「自分にとって良い人かどうか」を見つけようとする傾向があります。

容姿、スタイル、ファッション、表情などの「見た目」や、相手の年齢、肩書きなどの「立場」、「噂」や「評判」、そして、言葉づかいや仕草、態度などの相手の「行動」などが、人を判断する材料として挙げられます。

このような指標を判断材料にして、人はさまざまなイメージをもつ傾向があります。良いイメージとして、「安心」「信用」「信頼」「尊敬」「好意」「愛」「ライバル視」などが挙げられます。

また、良くないイメージとして、「敵対」「嫌悪」「嫉妬」「憎悪」などが挙げられます。

人間は相手に対して、まず良いイメージをもつことによって、「この人は良い人だ」という認識をもち、「良い人間関係」を築く土台となるのです。

したがって、仕事でさまざまな人たちと関わる以上、良くないイメージをもたれないようにしなければなりません。

かといって、良いイメージをもたれようとしすぎて気をつかいすぎても長続きしません。

そこで、さまざまな人たちに良いイメージをもってもらえる行動が、自然にとれるようになる努力をすることが大切になってくるわけです。

自然に行動がとれている状態とは、無意識に行動している状態といえます。自創(じそう)でいうところの「行動」とは、手か口か足が動く状態のことです。

つまり、無意識に手か口か足が動いている状態とは、ひと言でいえば「習慣」です。

したがって、自創(じそう)では「良い人間関係」が築ける自分を創る努力として、「良い習慣づくり」に取り組みます。この「良い習慣づくり」は口で言うのは簡単ですが、とにかく継続して取り組むことが大切です。

なぜなら、人間はすでに生きてきた時間をかけて、いいも悪いも、無意識に習慣を身につけています。良い習慣ばかりが身についていればいいですが、まずそういう人はいません。知らず知らずのうちに、悪い習慣を身につけていることがあるのです。

そこに、良い習慣を上書きするのですから、意識して、なおかつ粘り強く「良い習慣づくり」に取り組む必要があるのです。

しかし、良い習慣を身につけることによって行動が変化するのも、立派な成長です。この成長が、自らの人格能力を高めることにつながるのです。

良い習慣づくりに取り組もう

では、ランクUPノートを使って「良い習慣づくり」に取り組みましょう。

まず、ランクUPノートの月間ページ左の下段に、「習慣づくり」の具体的な項目を３つ書く欄があります。１５５ページに掲載した**第１６表**をもう一度、見てください。

ここに、身につけるべき、「良い習慣」の具体的な項目を３つ記入します。

次に、毎朝、その３つの項目を見て、終日、その項目を意識して行動するようにします。

第27表

[月間計画]　ここから週の目標に落とし込みましょう

区分 / 日・曜				習慣 1	習慣 2	習慣 3
1（　）				×	×	×
2（　）				×	×	○
3（　）				×	○	○
4（　）				○	○	○
5（　）						
6（　）						
7（　）						
8（　）						
9（　）						
10（　）						
11（　）						
12（　）						
13（　）						
14（　）						
15（　）						
16（　）						
17（　）						
18（　）						
19（　）						
20（　）						
21（　）						
22（　）						
23（　）						
24（　）						
25（　）						
26（　）						
27（　）						
28（　）						
29（　）						
30（　）						
31（　）						

このページは各自で工夫して活用して下さい。目標からのブレークダウンで「いつまでに 何を どのようにして　どこまで」とやるべき事を明らかにしましょう。

習慣づくり欄は、毎日就業時にその日を振り返り（出来ていた○印・出来なかった×印）でC／Kすると進めやすいです。習慣づくり（回路づくり）は前半（P. 19〜P. 28）を参照して下さい。

そして1日の終わりに、ランクUPノートの月間ページの右側に、その行動ができたなら○印を、できなかったら×印をつけます。記入事例が**第27表**です。

この「記入する」「見る」「意識して行動する」「○か×をつける」という、一つ一つの行動は、そう難しくはありません。しかし、継続することは容易ではありません。この継続する努力が自らを育てるのです。

記入の仕方は、

「○○のために、△△する習慣をつける」

と書きます。

必ず、「○○のために」と、習慣づくりに取り組む「目的」を記入することが、行動を促す動機となり、継続させる原動力となります。

自らを成長させる動機となる「目的」を書く内容として、

「良い人間関係が築ける自分をつくるために」

「お客様のお役に立つ人になるために」

「まわりの人に認められる人になるために」

「目上の人に必要とされる人になるために」

「より多くの人に喜ばれる人になるために」

など、自らの人格能力が高められている状態として、「○○な人になるために」と、自らのより良い姿がイメージできる言葉で記入するのがいいでしょう。

あるいは、チャレンジシートの「ありがとう№1に育とう」と連動させるやり方も有効です。（140ページ参照）

チャレンジシートの「ありがとう№1に育とう」には、1つのメイン項目と2つのサブ項目、計3つの項目を記入しました。それら3つを「習慣づくり」欄に充てるやり方もあります。

もちろん、これ以外でも構いません。

いずれにしても、「○○ができるようになるために」と、自らのより良い動きがイメージできる言葉で書くことがポイントです。

気をつけてほしいことは、「良くなるために」とか、「成功のために」などという言葉は使わないことです。これらの言葉は意気込みとしてはわかりますが、自らの成長している姿がイメージしにくいので避けるべきです。

次に、「△△する」と、具体的に、手か口か足が動く言葉で記入します。

ここでも「頑張る」「推進する」「時短に取り組む」など、具体性に欠ける「アバウト言葉」を使わないようにしてください。アバウト言葉で表現しては、良い習慣は身につきません。

とくに、口を使って、「どのような言葉を使うか」が、あなたの人格能力の表れている状態となります。

「あなたと良い人間関係を築きたい」と、相手が思う姿がイメージできることがポイントになります。

「人とお会いした時には、必ず最後にありがとう、と言う」
「人から指摘を受けた時には、必ずご指摘ありがとうございます、と言う」
「人との会話で相槌を打つ時には、なるほど、と言う」
「ランクＵＰノートで考える時は、どうすればできるかなぁ、と言う」
「常に、難しいではなく、おもしろい、と言う」
「いつでも、すぐやろう、と言う」

など、「こんなシーンの時に、このような行動をとる」という表現の仕方が、より具体的な姿をイメージしやすくなります。

その姿が、「一緒にいて楽しい」「一緒にいて心地よい」「一緒にいるとワクワクする」と感じられる行動を習慣として身につけることが、良い人間関係が築ける自分を創ることにつながり、人格能力を高めることにつながるのです。

最後に、「習慣をつくる」という言葉を記入し、良い習慣づくりに取り組むのだという認識を、自らの脳に刻み込みます。

このように、「○○のために、△△する習慣をつくる」と、ランクＵＰノート月間ページ左の「習慣づくり」欄に３つ記入すれば準備は完了です。

あとは、日々の実行の継続です。毎朝、「習慣づくり」の３つの具体項目を読みます。終日、この「習慣」項目を意識して行動します。

そして、１日の終わりに、ランクＵＰノート月間ページにある「習慣１２３」欄に、○印か×印をつけます。△印は使わないでください。

１日のうち１度でも、その行動がとれなかったと判断すれば、あえて×をつけます。

ところで、良い習慣として、無意識に良い行動がとれるようになるためには、意識して行動をとり続けることが重要なのですが、つい○か×をつけ忘れる時があります。習慣づくりへの取り組みができていないと気づいたら、また、そこから始めればよいのです。

３日続いて１日空いたとしても、５日目に再度取り組めばよいのです。そこで辞めてしまうから、３日坊主になるのです。

この○か×の数を数えたり、評価する必要はまったくありません。自らの意志と実行で、自分を成長させるきっかけとするのです。

会社で自創に取り組む場合は、あらかじめ仕事に直結するような「習慣づくりの指針集」を用意していただく場合があります。たとえば、「社員心得編」「営業編」「事務管理編」「人材育成編」など、オリジナルの指針集をつくって、その中から自分に必要な指針を選んでもらうのです。（ランクUPノート22～25ページに事例として指針集を掲載してあります）

また会社で取り組む場合、上長は部下に成長してほしいと期待し、習慣づくりに取り組むよう働きかけをしますが、評価はしないことになっています。評価されるとなると、義務感や強制感を感じ、「良い評価をとるために」取り組む可能性があるからです。それでは、本来の目的から外れてしまいます。

ですから、上長は評価するのではなく、継続して取り組むようにはたらきかければよいのです。

あくまでも、自らが人格能力を高め、成長するために自主的に取り組むことによってのみ、良い習慣は身につくのです。

習慣づくりは気づきが大切

ところで、どういう習慣づくりに取り組むかを考えるポイントとして、「現状はまだできていない」と思う行動に具体的に気づくことが大切です。

「良い人間関係」を築ける自分を創（つく）るにあたり、「こうした方が良い」という事柄はわかっています。

たとえば、

「人を誉める」

「うれしい時は喜ぶ」

「人に何かをしてもらったらお礼を言う」

「人に迷惑を掛けた時には謝る」などは、誰でもわかってはいます。

「わかっているのだけれども、なかなかできない」という人がいます。

これは、事柄としてはわかってはいるけれども、具体的なとるべき行動がわかっていないということです。

「どんなシーンで、具体的に、どのように手か口か足を動かすべきか？」を考えることによって、気づくことが大切です。

「誉める」「喜ぶ」「お礼を言う」「謝る」などを、具体的な行動できる言葉で表すと、

「すごいなぁ、と言う」

「たいしたものだ、と言う」

「さすが、と言う」

「期待した以上だよ、と言う」

「うれしい、と言う」

「ありがたい、と言う」

「ありがとう、と言う」

「あなたのお陰です、と言う」

「申し訳ありません、と言う」

など、口を動かして言葉にする行動が挙げられます。また、

「誉(ほ)める時は、誉(ほ)める箇所を指さして、これ、すごいなぁ、と言う」

「喜ぶ時は、両手を上げて、うれしい、と言う」

「お礼を言う時は、頭を下げて、ありがとう、と言う」

「謝(あやま)る時は、一歩近づいて、申し訳ありません、と言う」

など、自らの手や足を動かす姿が、より具体的にイメージできる言葉で表現することが大切です。


このような行動をすることが、「恥ずかしい」「照れくさい」「今さら…」などの思いから、

行動していないのは、「良い人間関係」が築ける自分を創(つく)るにあたって大きな機会損失であると認識することが重要です。

また、人の行動をよく観察することによって、気づくこともあります。

何人か良い印象をもっている人の行動を観察してみて下さい。

共通した「良い行動」をとっていることに気づけばしめたものです。

あえて親しい人に「何か変えるべき行動はないですか？」と聞いてみるのも良いでしょう。

ただし、人は誰しも「人に嫌われたくない」という自己防衛本能がはたらきますので、なかなか指摘してくれません。

指摘してくれたとしても、「怒っていないか？」「嫌われないか？」「気にしていないか？」を指摘した人は気にします。

ですから、自らの成長のきっかけを与えてくれた、ありがたい人に対して、必ず「ご指摘ありがとうございます」と言うことが重要です。

これも習慣づくりに取り入れるべきでしょう。

ランクUPノートに書いている「出した結果」を見て、反省し、「自らの改めるべき行動」に気づいた時に、習慣づくりに取り入れることも有効です。

良くも悪くもない行動を改めよう

もうひとつ、ぜひ気づいてほしいことがあります。

人は、ふつう悪い行動はとらないようにしています。それは当たり前のことです。しかし、「良くもなく悪くもない行動」については改めようとはしません。

「良くもなく悪くもない行動」とは、「誉(ほ)められないが、悪い所も指摘されない行動」や「楽ではあるが、より良い状態につながらない行動」などです。

この「良くもなく悪くもない行動」を改めないのは、多くの人がそれでいい、悪くはないのだから変える必要はないと思っているからです。

しかし、その「良くもなく悪くもない行動」を改めたとしたら、どういうことが起きるでしょうか。ちょっと考えてみてください。

「良くもなく悪くもない行動」を改めようとしない人たちが多い中で、もしあなたが改めたとしたら、どうなるでしょうか。

間違いなく、人格能力という点で、あなたが大きく抜きんでることでしょう。当然のことに、それは「良い人間関係」を築くことにつながっていきます。

ですから、「良くもなく悪くもない行動」も積極的に改めるべき行動なのです。

以上、ランクＵＰノートを使っておこなう、人格能力を向上させる方法を述べてきました。あとは、実践あるのみです。

毎日毎日少しずつ成長して、本当に仕事ができるステキな大人になりましょう！

次に「私はだれ…」の一文をご紹介します。

私はいつもあなたのそばにいる
いちばん頼りになる助け手でもあれば、大変な厄介者でもある
後押しもすれば、足を引っ張って、しくじらせもする

私はあなたの命令次第　半分だけやって任せてくれれば、
私は残りは手早く正確に片づけてしまう
私の扱いは簡単　念押しは不要
何をしたいか見せてくれれば、少しの練習であとは自動的だ
私はすべての偉大な人物の僕
そして何たることか、すべてのしくじりの主人
偉大な人が偉大になったのは私のため
しくじった人がしくじったのも私のため
私は機械ではないが、機械のような正確さと
人の知性によって動く
私を動かして利益を得ることもできれば、
破壊を招くこともできる　私にはそれは関係ない
私を利用して訓練し、しっかり働かせなさい
そうすればこの世を足元に従えることさえできる

しかし、甘やかせばあなたを滅ぼす
私はだれか　私は習慣

作者不詳
『人生を築く時間の刻み方』（産能大学出版部刊）より抜粋

本書の最後に、ある製造販売会社で働く新卒入社３年目のＮさんのランクＵＰノートをご紹介しましょう。

Ｎさんは真剣に自創に取り組んでいる優秀な社員です。Ｎさんのランク ＵＰノートは、正しい書き方の見本というよりは、こんな感じでランクＵＰノートが実際に使われている実例として参考になると思います。

Ｎさんの記入だけでなく、上長のコメントも細かく記入されていて、ほとんど判読できないかと思いますが、実際のランクＵＰノートの使い方のイメージを掴（つか）んでいただくために掲載しました。

月度目標の結果記入と修正もできていますね。素晴らしいです。

[月間計画] ここから週の目標に落とし込みましょう

日・曜	実数	変更ck / 出荷	コール数	習慣 1	習慣 2	習慣 3	4
1 (月)	0	51/100	15/10	×	×	○	×
2 (火)	0		37/20	○	○	○	○
3 (水)	0	30/30	10/20	×	○	○	×
休 (木)	0		×	×	○	×	×
休 (金)	0		×	×	×	×	×
6 (土)	1		19/40	○	○	○	×
7 (日)	1/3 (2件中)		×	○	○	×	○
8 (月)	0		85/40	○	×	×	×
9 (火)	1/1		58/20	○	○	○	○
10 (水)			14/10	○	○	×	×
休 (木)			×	×	×	○	×
12 (金)			20/20	○	○	×	×
休 (土)			×	×	○	○	×
休 (日)			×	×	○	○	×
15 (月)			20/20	○	×	○	×
16 (火)			20	○	○	○	×
17 (水)			20	×	○	○	○
18 (木)			40	○	○	○	×
19 (金)			20	×	×	×	×
20 (土)			40	○	×	×	○
21 (日)				×	○	○	×
22 (月)			40	○	○	○	○
23 (火)			20	○	×	○	×
24 (水)			10	×	○	○	×
25 (木)			20	○	○	×	○
26 (金)			40	×	×	○	○
27 (土)				○	×	○	○
28 (日)				×	○	×	○
29 (月)			440	○	×	○	○
30 (火)			20	○	×	○	×
31 ( )	2/5		460/470				

このページは各自で工夫して活用して下さい。目標からのブレークダウンで「いつまでに 何を どのようにして どこまで」とやるべき事を明らかにしましょう。

習慣づくり欄は、毎日終業時にその日を振り返り（出来ていた○印・出来なかった×印）でC/Kすると進めやすいです。習慣づくり（回路づくり）は前半（P.19～P.28）を参照して下さい。

テーマ　テンクアップノートを毎日書けている!!

月間目標　4　月（これを週の目標に落とし込んで実行）

今月の重点目標	具体的な進め方	結果・反省
29才までにディズニーリゾートで結婚式を挙げる!! 来年4月の経営計画発表会で社長に嬉し泣きして頂く!!		
A　コールセンターの処理ミス・クレームが0であるために、[1] 4月のミスを5件以内にし、[2] コール数を460件以上出ている状態にする。	(1) 種類別で分ける → 難しい順にck!! [変] ①ハガキ・OUT・IN ②… ③日付のみ・間隔・数量 ※日付のときは発送前の対象なのかck!! [出] ①ハガキ・OUT・IN・テレマ・ネット・FAX ②都・定・他 ③媒体コード (2) 2013年1・2・3月の対象ミスExcel（自分の）をck (3) 終わったあとの二重ck [変] 名前変更なし？ チェック印押した？ 変更(曜)印ある？ 次回予定の間隔書いてる？ [出] ケース・プレゼント・佐川 などを特殊に○ある？ 次回予定は全て統一？ チェック印あるか？ 佐川・代引きのときは左に置印あるか？ ★ 二重チェックは全てマニュアルを見ながら、1つも省かずにチェック!!	ミス5件、コール数523件　達成 [原因] 終わったあとの二重ck、BOXに直す前の二重ck、種類別で分ける [反省] マニュアルを見る ×、ミスExcel（自分の）ck × ⇒ 月間ミス5件内（コール500件…）のやり方は身についたので、5月はより正確な知識を身につけるために、マニュアルを見ながらコール数を減らしても処理ができるようにする。コール数予想…だったにもかかわらずミスの目標達成できたんですね。おめでとう
B1　…さんを優秀な人財に育てるために、工場見学、ネット画面、ネットへの誘導、出荷、手続き発送を0／かけ勝手より、アンケートはがきを0にすることで、5コ0/2コ0の状態にする。	① かけ勝手エール、図エール、ネット画面エール ② …、図0、ネット画面0、ネットへエール、工場tel0 ③ 出荷0、かけ勝手0、図0、アンケートエール、ネット画面0、ネットへ0 ④ アンケート0、ネットへ0、	4コ0、3コ0（−10） [原因] 工場見学の現状把握が遅くなったこと [対策] 週に1度…とのmeetingを…
B2　フローチャート△コ0のために、おつり、ネット抽出、サンプル分け、一括、追加後ck、はがき分け、営業telのひきつぎを0にすることで、7コ0の状態にする。	① ハガキ0、営業telエール、一括0、サンプル0 ② × ③ 営業tel0、おつり0 ④ 追加後0、営業tel0	4コ0、3コ0（−3コ0） [原因] ネット抽出…、追加後ck…トレーニング…、営業tel…周知不足 [対策] トレーニング…、対応後すぐにアンケートする。
C1　コールセンターミス0のために、チーフに業務や全体のことを4コ以上提案することで2コ以上採用されている状態にする。	① 8コ以上の案を作る ② 4コ提案 → 結果1コ以下であれば更に2コ追加提案。 ③ 2コ提案 → 〃	2コ採用OK [原因] 提案する機会を頂いたから [反省] 自分から動いての提案ではない…
C2　コールセンターのムダをなくすために、業務以外でスクラップ&ビルド・新しい取り組みを4コ以上行うことで、4/31で2コ以上実施できている状態。	① 4コの案を厳選し、高橋チーフからOKをもらう。 ② 1コ取り組み → 4/30で0へ ③ もう1コ取り組み → 4/30で0へ。	2コ採用OK [原因] 同上 [反省] 同上 → 5月はPHBにて4件…
C3　5月に5日以上フォローに入れている状態にするために、方針や予定を毎日書いて修正することで、18時までに業務を終えられている日が7日以上。	① 1回 ② 1回 ③ 3回 ④ 2回 ⤴ 7回	7日以上OK [原因] 成長対話で火をつけてもらえたこと [反省] 自分自身で週末対話の前に1週を…

（留意事項）

PHB 2件 ← 1件☆	A・Cは目標達成ですね！すごい!! 月と週のつながりを持って
定期 10件 ← 11件☆	B/Nの活用ができていたと思います。B目標もあと一歩までできて
中止ストップ 10件 ← 20件☆	います。今月気付いた他の方からの協力の頂き方を変化させ、
	5月はすべて達成できるよう一緒に考えていきましょうね!!

1.（習慣づくり）
他人の利益も考える習慣づくりのために、毎日1回以上P.30「部下を動かす言葉」のうちの1つを言える習慣をつくる。

2.
できるだけたくさんの物事に首をつっこむ習慣をつくるために、毎日新しく何か人のためになることを自分からアクションとして起こすことで、それに対して1日1回以上「ありがとう」を言ってもらえる習慣をつくる。

3. 体調管理のために、空気清浄機をつけて寝ることで、毎日のどが万全で健康である習慣をつくる。

4. 他人の利益も考える習慣づくりのために、社内外のごみを1日10コひろう習慣をつくる。

5. 真善美の精神をつくるため、退社時は整理整頓（机の上はPCと電話機のみ）にして帰る。

総合vsつとサンプルバックの
(反)保存を…印にして作る(ため)
今週(1回ずつ(9日と10日)に
目を通して、営業入ってで目印つける。

50件×20日＝1000件

今週の結果と反省 B2 パートさんへの項目について、目的・また自分自身のできばえが作れていなかった。パートさんのできばえまでもう一歩。来週からは自分自身がどう動いて、パートさんのサポートをするのかを計画で立てる。C1 一気にまとめて行おうとしてムリが出ました。まずは分けてサンプルから固める。

目標に対する結果が分かりやすくて良いですね。未達に対する反省もしっかり書かれているので、来週以降の計画づくりに生かして確実に達成してくれるのではないかと思います。期待していますよ！！

本日の計画（いつ 何を どこまで どのようにして）、本日の出た結果	本日の反省（次なる手立て）
7・8・9・10・11・12・1・2・3・4・5・6・7・8・9 きっかけ（tel・話す）コミュニケーションとどうするか？ ／ やるだけかどうかってことなる？？ ／ ほっぽをかける ／ 本人の意識は？ ／ 優先順位 決めること ／ 覚悟があるか？ ／ ✓補・再送 ／ 初回返品 ／ 定期・ストップ ／ ✓かけ時 ／ ✓出荷 ／ ✓追加ck マニュアル いつまで？	やらないことになったら、①方針会議に ②必要性が伝えられるか ／ 上げ下げ
7・8・9・10・11・12・1・2・3・4・5・6・7・8・9 至急×10 ／ 追加後 ／ 至急 ／ 追加後 成 ／ 至急 ／ tel対応 ／ 至急 ／ tel＆追加後 ／ 至急 ／ キャンセルck 92件 ／ 至急入力 20件 ／ 未入力ck	お辞儀をするときは、頭を下げて止めるまで。軽くするぐらいならしない方がいい。1・2と数えてお辞儀する。
7・8・9・10・11・12・1・2・3・4・5・6・7・8・9 追加後 ／ 発送 ／ 注文5 ／ 追加後 ／ CVS ／ 工場tel ／ tel ／ 注文4 ／ 追加後ck ／ 発送 ／ 工場より ／ 発送5（指導） ／ 工場tel 下 ／ どうしていきたいのか ／ 2年目の子たちに… ／ どこを伸ばすか	注文入力担当者は 11:30 〆る（12:00 同期の報告）必須！！ 来週注文入力があったときは確認する。もしくは行う！！
7・8・9・10・11・12・1・2・3・4・5・6・7・8・9 出荷フォロー ／ ✉ ／ 出荷 ／ 返品 ／ ✉ ／ ✉ ／ 追加ck ／ 追ck ／ 出 ／ 直接 ／ 出荷 ／ Q&A ／ 返品 ／ 15:15 ／ ★ミスなし★	都下 ／ 1回必ず全て行って、それぞれ上げた後に戻して帰るようにする？？
7・8・9・10・11・12・1・2・3・4・5・6・7・8・9 来ck ／ 一部 ／ 来ck ／ 成 ／ 来ck ／ 10枚 ／ 14枚 ／ 14枚 ／ ・そもそも書くのは？ ・社用車の洗たく ・2回目返品 ・他社比較：勝つのは？！！	☆注文の担当があったときに…どうだったか気にかけてあげる ／ 何をどうすればいいか分かってない ／ 何をどうすればいいか分かってる ／ 4しかる ／ 方法を指す。
7・8・9・10・11・12・1・2・3・4・5・6・7・8・9 間隔が長いとき どうするか？ ／ ☆ネット抽出分は枚数があがっているか確認する。	
7・8・9・10・11・12・1・2・3・4・5・6・7・8・9 返品 ／ 当日キャンセルのトップ出し ／ キャンセル依頼の事後ck ／ 返金金額がちがう？？ ／ 確認の責任者 → その他業務の責任者 ／ 個人の目標は？ ／ 確認の時間だけ ／ ☆言える人数が多い ／ （ミートを…）	〈tel対応〉 ／ 優先順位

「生涯を愛するなら時間を愛すること。なぜなら君の生涯は時間で成り立っている。」　フランクリン

C1 右ページ15日間書くため（残り4日間）
8〜11日までずっと右ページ書いている。

C2 P/Nを5回見て・見せて5になる状態のため（残り5回）
8・9・11日で2回

［５月］

今週の目標（上司よりの指示は○印、日々へ落とし込みを）

A1 ミス3件内（残り2件）当ネット非クレーム C のため、ミスを1件内にする。

A2 定期13件（残り13件）のため定期を作成する。

B1 6 0 0、1つのため

上司よりの（部下への）指示事項　本日の業務「出すべき結果（何を どこまで）」「取るべき行動（どのようにして）」

［6］（月）

まとめてあげる!!

本人には指名を

［7］（火）

A 注意 ※ストップウォッチで時間計る

13:30〜14:30（60分）で10枚［1枚10分］

受取状況・次回予定正しいか・コンタクト種類

B1（追加後水）トレーニング 1回ミスなし

［8］（水）

C 見てもらう

C 見せてもらう

C1 右ページ

A 注意 ※ストップウォッチで時間計る!!

シートとコンタクト → シート見ながら入力 → 入力と

シートあってるか？

受取状況・次回予定正しいか・コンタクト種類・BD・着NO.アラームOK

B1（一括）トレーニング

（日計）トレーニング

B2（工場）トレーニング

［9］（木）

C/S 最終〆切

C 総合パンフ

C 見せてもらう

C1 右ページ

A 要望、喜び 毎日見る

B1（一括）トレーニング

（日計）トレーニング

B2（出荷）トレーニング

（追加水）トレーニング

［10］（金）

カルテトレーニング会議

C サンプルパンフ

C1 右ページ

C 見せてもらう

A 変更水 順番かくにん

① 種類で分ける（ハガキ・IN・OUT）

② ハガキ表裏とシートが合ってるか見る

③ シートとスリップをcheckする

B1（一括）トレーニング

（日計）トレーニング

B2（工場）トレーニング

（一部返品）→ マニュアル 7日までに。

［11］（土）

C 予備日

C 見てもらう

C1 右ページ

シンプルで、分かりやすいです！
何ができていて、何ができてないのか、一目で分かります！ぜひ参考にさせて下さい!!

［12］（日）

本人がやろうと思わないとダメ
できるだけ本人の意志を尊重する。

仕事の優先順位を明確にする、量より質を重視して ——「できることからすぐ始めよう」
「ここ迄する」と結果の明示を。処理時間を書いてみよう

あとがき

いろんな会社の社員研修に呼ばれていくと、たびたび「わたしって成長しているのかな？よくわからないなあ」という声を聞きます。

確かに、人間の〝成長〟を測るモノサシはありません。また自分のことをなかなか客観的に見ることはできないものです。

それで多くの場合、他の人と自分を比較したり、他人に自分の評価を求めようとしますが、それでも自らの成長は実感しにくいものです。

しかし、ランクＵＰノートを活用し、チャレンジシートの年間目標を達成することができたら、必ず、去年の自分よりも成長していることがわかります。

なぜそう言い切れるかといえば、ランクＵＰノートを見れば、１年前の自分が何を考え、何ができていて、何ができていなかったのかがひと目でわかるからです。

１年前の自分と、今の自分を客観的に見ることができるので、自らの成長を実感することができるのです。そうなるとおもしろいことに、好循環の成長が始まります。

人間は自分の成長を実感することができれば、とても楽しく、「もっと、成長したい！」と思うのです。そして、もっと成長するために、「より高い目標」と「より新しいこと」にチャレンジしたくなるのです。

つまり、より高度な仕事を求めるようになるのですが、こうなればしめたものです。

ただここで心しなければならないことは、自分が実感できた成長はけっして自分ひとりの力で得られたものではないということです。

すでに述べたとおり、自創では、職務遂行能力だけでなく人格能力の向上にも取り組みます。あなたが真剣に自創に取り組んだならば、「仕事で良い結果を出せたのは、自分を支えてくれたみんなのお陰だ」と素直に感謝できる人に成長しているはずです。

もちろん、仕事で良い結果を出せたのは、あなたの努力の賜です。しかし、自分ひとりの力では絶対にないのです。すべて自分の力でやったと思うのは思い上がりです。必ず、だれかの協力があって良い結果を出すことができたのです。

そして、良くない結果を出した時は、自分の行動のせいです。幸運にも良い結果を出した時は、みんなのお陰なのです。

読者の皆さんが、それぞれ自分の夢を実現してまわりの人に素直に感謝する、そういう人になっていただきたいと心から願います。

わたしの方からも本書を最後までお読みいただき、感謝申しあげます。本当にありがとうございました。

また本書の出版に際し、日本経営合理化協会出版局の岡田万里さんと編集プロデューサーの宇恵一郎さんには、とても感謝しています。校正・編集など多大なお力添えがあったお陰です。本当にありがとうございました。

あと、快くランクＵＰノートの実例を提示してくれた、株式会社てまひま堂の西留祐未さんにも御礼申し上げます。

それとともに、この場をお借りして、父・東川鷹年（たかとし）に感謝の意を表します。

父はわたしが子どもの頃、西尾レントオールの人事部長として、創業者・西尾晃（あきら）社長（故人）の命で「人が自ら育つ仕組みづくり」という難題に取り組みました。今でもよく思い出す光景は、夜遅く帰宅しようが、休みの日であろうが、とにかく家にいるときは机に座って勉強していた父の姿です。当時、野球少年だったわたしは近寄りがたい父を見て、少し淋しい思いをしたこともありました。

しかし大人になって、父はだれもやり遂げたことがない難題にチャレンジしていたことがわかりました。本当に大変だったと思います。そんな父が１４、５年の年月をかけて創った自創によって、わたし自身も社会人として成長することができました。なんとありがたいことでしょうか。

この恩は、必ず返さなければならないと思っています。そしてどうせ返すなら、受けた恩をさらに大きくして返したい。

それにはまだまだ力不足ですが、父の想いを受け継いで、今後も自創を世に広め、多くの人の夢実現のお手伝いをし、それによって、希望と活気溢れる社会をつくっていきたいと思っています。

東川広伸

著者／東川広伸（ひがしかわ ひろのぶ）氏について

デキる管理職を養成する自創経営コンサルタント。

20代の半ば、電気工事の職人としてその日暮らしに近い生活をしていた頃、たまたま現場近くで開催された、自創経営創始者である父・東川鷹年氏のセミナーを聴く機会を得る。父が話す「人財育成」「成果」「目標管理」「報・連・相」など言葉の意味すらわからなかったが、「どうせやるなら（仕事）愉しくやろう！ 同じ生きるなら（人生）ハッピーに生きよう！」の言葉に感銘を受け、父の仕事を継ぐことを志願する。

以来、父よりチャレンジすべき課題を次々と与えられ、まずリクルートの代理店で営業職について、1年目から売上目標332・8％を達成し、社長賞を受賞。その後、営業部長として引き抜かれた赤字続きの化粧品販社で、店舗運営、人事管理を一任され、全スタッフに自創式「ランクUPノート」を導入して、たった1年で黒字化。さらに東京に本社があるインテリア商社にて大阪営業所を一から立ち上げ、新たな市場を構築するなど抜群の実績を残す。

現在、自創経営センター所長として、父・東川鷹年氏とともに、社員一人一人がイキイキと働き、確実に目標を達成する仕組み《自創経営》を全国の中小企業に指導。指導会社の経営幹部、管理職養成のために寝る間を惜しんで全国を飛び回っている。氏が講師を務める日本経営合理化協会主催の「管理職養成講座」は毎回定員をオーバーする絶大な人気を誇り、社員を託す社長及び指導先の幹部・社員から厚い信頼を寄せられている。1969年大阪生まれ。

〈著者の連絡先及びランクUPノートのお問い合せ先〉
株式会社　自創経営センター
〒538-0053　大阪市鶴見区鶴見3丁目12-10-1906
TEL06(6913)5503
FAX06(6913)5504
E-mail:hiro@jisou.jp

〈管理職養成講座及び自創経営セミナーのお問い合せ先〉
日本経営合理化協会　担当園部
TEL03(3293)0041
インターネットhttp://jmcasemi.jp

人生も仕事も愉しくできる人に成長しよう

定価 本体 二、〇〇〇円（税別）

二〇一三年 七 月一八日 初版 印刷
二〇一三年 七 月二五日 初版 発行

著 者 東川広伸
発行者 牟田 學
発行所 日本経営合理化協会出版局
東京都千代田区内神田一―三―三
〒一〇一―〇〇四七
ＴＥＬ 〇三―三二九三―〇〇四一（代）
ＵＲＬ http://www.jmca.jp

検印
省略

装 丁 美柑和俊
編集協力 宇惠一郎
作 図 森口あすか
印 刷 図書印刷株式会社
製 本 図書印刷株式会社

 ISBN978-4-89101-340-0 C2034